U0037077

讀經50問

學佛入門Q&A

法鼓文化編輯部　編著

〈導讀〉扣問經藏

翻開經典，點一瓣心香，這是人生最簡單、最寧靜、最幸福的時光了。

現代人生活忙碌，時間焦迫，事務繁雜，每天忙得不快樂、沒有自我。此時如果能偷閒片刻，翻閱經典，正好是藉扣問經藏，回歸自我內在的時機。

記得我第一次讀經是在懵懂無知的年歲，走過一家舊書攤，映入眼簾的一本線裝《金剛經》深深吸引住我。因著它歷經時代的古老滄桑，以及棉線穿梭裝訂起來的線裝書古風，我得到接引。生命是生生世世的，或許我潛在的意識在找尋我的前世今生吧！

再次經常性地翻閱經典，是即將爲人母的階段，對於投胎來與我結緣的生命充滿迷思，我不知道他是誰？是「他」？還是「她」？未來和我是一段什麼樣的緣分？在看不見身影卻意識到他存在的懷胎十月裡，我每天讀經，祈求菩薩護佑，同時也與「他」對話，希望他未來是可以頂天立地，有眞、善、美理想，能自利利他的生命。孩子成了接引我扣問經典的菩薩。

最近一次每天含淚誦經，是家父往生的七七四十九天裡。我失去了時間感與存在感，腦海裡迴繞的話語是《詩經．蓼莪》的「哀哀父母，生我劬勞」、「欲報之德，昊天罔極」。我想起師父的教誨，失怙的孤哀子，能爲父母的人生盡最後一份力量，就是在他們的中陰身階段裡誦經迴向。這時《阿彌陀經》是我每天必做的功課，父母是我今生最大的菩薩。

人生難免有種種疑問、迷惘、無助；種種不明白、不如意、不快樂。不知道該如何是好？

就扣問經卷吧！

深入經藏，智慧如海。疑悶能解，苦難能消。

佛陀的智慧就在經藏裡，以超越的佛智開啓自我內在的慈悲與智慧，自能創造清涼境、智慧海。特別是佛弟子，更當常於晝夜，至心誦念經藏，在經藏裡邂逅佛陀，扣問佛理，生死愚癡，受佛智慧，悉得大樂。

本書共有五十問，分做「深入經藏，智慧如海」、「讀經有方法」、「非讀不可的佛經」與「讀經讀得經經有味」四個單元，不僅介紹佛經的誕生、經藏的智慧、經典的語言與文學，也指引讀經的方法、如何掌握經典的要義與如何修持等；更重要的，本書提供各宗經典如《心經》、《金剛經》、《法華經》、〈普門品〉、《阿彌陀經》、《維摩詰經》、《華嚴經》、《六祖壇經》等的精華法義，引領讀者進入佛經的世界，在佛經裡與佛相遇，在佛典裡獲得法寶。

二千六百多年前，釋迦牟尼佛遊化恆河兩岸，應機說法。弟子們「如是我聞」，記錄下可以解答人生疑問，消解眾生煩惱的種種法義。經典中所記載的，正是佛陀化導眾生的智慧，我們可在佛經裡傾聽佛的法音，領受佛的妙智，人生可以離苦得樂，世界可以變憂惱谷為清涼地。因此，本書可以說是為現代人與佛陀之間搭建起便捷的橋梁；為我們重現佛典結集與翻譯過程的規模，呈現經、律、論三藏的難能可貴；為煩惱的人們勾勒出佛理的無上甚深微妙，不可思議。

初步的讀經，不需要什麼方法與要領。不用怕讀不懂、學不會，只須誦讀，透過讀經、誦經、鈔經，本身就能產生安定的力量。這是信心的功德。

進一步的讀經，需要多種方式來學習經典的智慧。可以參照古德的註解，可以到寺院裡聽法師說法，可以參考電子佛典與白話解經書籍等，幫助自己了解經典中的義理，更可以讓經典的智慧與我們的生活結合爲一，加以印證。這是解、行的功德。

「佛以一音演說法，衆生隨類各得解。」佛經裡的佛陀是第一主角，其他常出現的聽法者，有比丘、聲聞、緣覺、菩薩、天人、人、非人等，大家海會雲集到佛經聽佛說法。「爐香乍爇，法界蒙熏，諸佛海會悉遙聞，隨處結祥雲。……」讓我們以本書爲階梯，進入佛典的世界，接受佛法的熏習。希望開啓智慧的人有福了，本書即是改變自我的契機，也是提昇人生幸福指數的指南，它能教我們體察生活中的煩惱，學會珍惜與感恩，引領我們朝向光明與快樂的人生。

所謂「人身難得今已得，佛法難聞今已聞」，很慶幸法鼓文化出版了一本能指引人們深入經藏的好書，如在紅塵大海的迷霧中，擎起一盞明燈，照亮智慧海，教我們如何深入經藏，直了佛智。於是，我由衷地推薦！

臺大中文系教授
蕭麗華

目次

1 深入經藏，智慧如海

2 讀經有方法

3 非讀不可的佛經

4 讀經讀得經經有味

1

深入經藏，智慧如海

讀經如何與佛相遇？

很多人或許難忘在生命困頓時，曾因聽聞到佛經的一句佛法而心開意解；或在人生最茫然時，因一本佛經的究竟實相之理，指引了人生的方向，找到生命的皈依處；或是被經文之美感動，因而走入佛法的殿堂！不管什麼方式和機緣，因佛經而與佛初次相遇，也許不經意卻令人難忘，因為在那一刻，自己的生命已經因這一因緣而改變！就如禪宗六祖惠能乍聞《金剛經》的「應無所住而生其心」，而改變人生，甚至改寫了整個中國佛教的發展。

正確的讀經態度

印順法師在《成佛之道》中提到聽聞佛法時，如果抱著三種不同的心態，即使有因緣聽聞佛法，也是徒然無用的！其中有一精彩譬喻：若將佛法譬喻為雨水，聽法之人如碗或杯子，倒覆在空地上，雨水是無法流入碗中；以此說明如果態度不注意、不專心，即使聽了也等於沒聽。第二種是由於在碗中原先就已裝有髒物或毒素，即使能裝入雨水也不能用；以此形容雖然專心聽，可是因心裡有成見，聽了反而會生起對佛法的懷疑。第三種則是碗已經有了裂縫，即使清淨無毒，也還是漏得一無所有；以此譬喻心中雖沒有成見疑惑，可是內心散亂、事務匆忙，聽過後，不久還是忘得一乾二淨。因此，我們讀經聞法需要專心，並對佛法有信心。如果心有疑惑，需要尋求解惑，不要抱持懷疑心來讀經。

雖然我們無法與佛生於相同的時代，不能與佛陀的弟子們：阿難尊者、迦葉尊者、舍利弗尊者、目犍連尊者……，隨佛一起坐在菩提樹下，仰著脖頸，歡喜聽佛說法，但只要翻開佛經，我們就可以與佛相遇。「如是我聞」這一句話，不只阿難尊者能說，我們在讀過佛經後，也能與朋友分享：「我聽佛陀曾經這樣說……。」

佛法難聞今已聞

我們身處在這腳步快速、生活繁忙的時代中，永遠無法度量佛陀在數千年前所說的哪些經典語錄，會在什麼時候進入哪些人的生命裡。「佛以一音演說法，衆生隨類各得解。」佛說的同一句話，每個聽聞者會因為各自的遭遇、理解層次的不同而各自有不同的體會。

然而，更重要是，與佛相遇之後，放下過去，建立起佛法的思維，並在生活之中體證佛所說之法。或是，隨著學佛日久，雖然曉得佛法的美好，卻有使不上力的感覺，不妨回首自己首次在佛經裡與佛相遇的因緣，是怎樣讓自己感動，回到初發心，再為學佛道路注入動力。

（江思賢　攝）

Question

02

爲何說「深入經藏，智慧如海」？

所謂經藏，是佛所說的全部經典。佛經是釋迦牟尼佛對當時的弟子們所說，在不同的場合、時機，針對不同的對象，開示說法亦有不同，後來弟子們做蒐集、記錄。這些經在當時並不是一部一部呈現的，只是因爲在不同的場合演說，主題不一樣，每一個主題，就變成了佛教一部經典。

現在我們所熟悉和普及的佛經，只有十幾部經常爲人誦念講說。可是在釋迦牟尼佛的時代說的經典有長有短，短的只有幾十個字，長的有幾百萬字。這些經典是在各種不同的情況下，佛陀所講的不同法門，但佛法的原則完全相同。因此讀經要把握兩個要點，一是多讀，另一是精讀，兩者都是「深入經藏」。

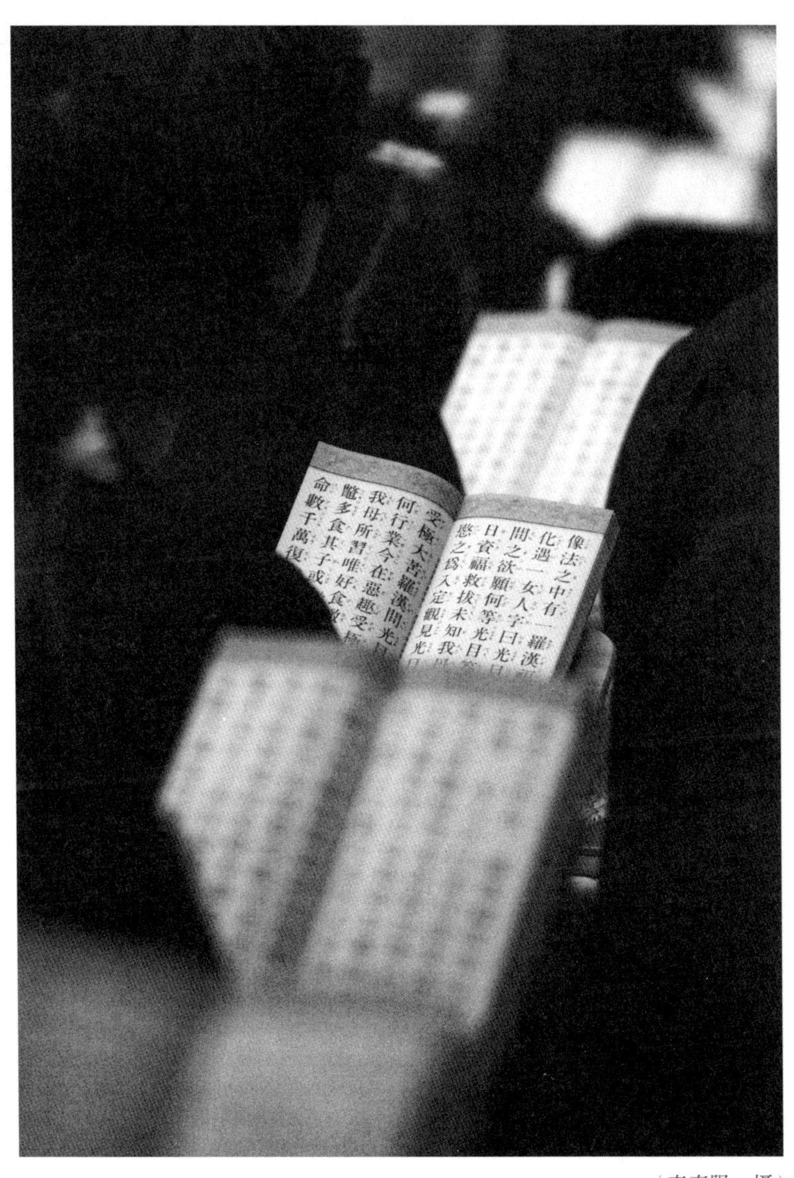
像法之中有一羅漢
化遇一女人字曰光
問之欲願何等光目
日資福救拔未知我
愍之爲入定觀見光
受極大苦羅漢問光
何行業今在惡趣受
我母所習唯好食
噉多食其子或
命數千萬復

（李東陽　攝）

多讀與精讀

多讀就是把所有的佛典全部讀完，這不是件簡單的事。所謂深入經藏，廣義來說是深入三藏，就是經、律、論。經、律是佛說的，論是佛的弟子和歷代祖師大德根據佛的經典，加以解釋和分析，重新把它組織起來，有系統地介紹佛法。經、律、論全部能夠通曉，稱之爲「三藏法師」，就是有大智慧的人。

所謂「精讀」，是清楚明白經典裡的每一句經義，「熟讀」則是把經文背熟，這些讀法都能讓人增長智慧。如果能夠精讀一部經，或是熟悉某幾部經，則對整個佛法也就能夠貫通。所謂「一門通，門門通」，精通一部經裡的經義，一定需要參考很多的經、律、論，但是精讀自己正在讀的這部經是最主要的，其他的都只是參考。依這部經典爲中心，其他的經典做背景，來深入理解。這樣做雖然只讀精一部經，其實對整體佛法也能掌握要領。

譬如現在要能讀完整部的《大般若經》和《華嚴經》並不容易，但還是有人發願一部部、一篇篇地精讀，甚至於是一篇篇地抄寫經文。《法華經》也有人讀、誦、抄、講。中國有幾部重要的經，例如：《金剛經》、《楞嚴經》和《圓覺經》，如果能夠讀熟，也可以貫通整個佛法。

選擇與自己相應的經典

因此，深入經藏、智慧如海，並不一定要把經典全部背熟，或是全部看完，而是要選擇一、兩部與自己相應的經典，深入了解、思惟，並應用在日常生活當中，能夠少煩少惱，就是智慧的增長。

佛經爲何是佛教「法寶」？

「心無罣礙」、「色不異空，空不異色」、「本來無一物，何處惹塵埃」、「應無所住而生其心」……，生活中經常可以看到、聽到或讀到這些句子，你可知道，這些我們耳熟能詳的「經典」名句，正是出於佛教的「經典」。

許多人以爲，佛教經典都是文言文，一定很艱澀難懂，或認爲佛經是法會時念經用的書、要消災延壽才需要念經，其實，佛經的影響早已深入我們的日常生活。

經典深入生活

不只如此，佛經早已超越宗教界限，成爲文學創作的重要泉源，自古以來，文人墨客如白居易、王維、蘇東坡等人，都喜歡自佛經取材；當代的武俠小說大師金庸更常引用佛經，例如《天龍八部》一書書名就是出自佛經用語，《鹿鼎記》一書中也出現過《四十二章經》的內容。

佛經不僅是講述佛法要義，也是優美的文學作品。民初的梁啓超曾讚歎《華嚴經》、《涅槃經》、《般若經》等佛經，極富文學價值，並認爲《儒林外史》很像佛教的《大乘莊嚴論》，甚至還說《水滸傳》與《紅樓夢》的格局與筆觸，也是受了《華嚴經》與《涅槃經》的影響。胡適則推崇《維摩詰經》爲大乘佛典中的一部最有文學趣味的小說。

佛經是佛陀弟子結集其教化而成。二千六百多年前，佛陀遊化恆河兩岸，應機說法，解答人生疑問，消解衆生的煩惱，經典中所記載的，正是佛陀化導衆生的人生智慧。我們今日所見的經典，則是由歷代祖師大德，例如我們所熟知的鳩摩羅什、玄奘等大師所翻譯、傳承下來。例如：《心經》、《金剛經》、《法華經》、

〈普門品〉、《阿彌陀經》、《地藏經》、《藥師經》、《維摩詰經》、《華嚴經》與《六祖壇經》等，都是爲人所熟知的大乘經典。

讀經開啟智慧

佛經是佛陀留給我們的「法寶」，正如引用自《華嚴經．淨行品》中的「三皈依文」，其中的「自皈依法，當願眾生，深入經藏，智慧如海」，提醒著我們，要透過經藏，接受佛陀的教法，學習以大海般無量的智慧，破除諸多煩惱。尤其每當我們閱讀經典，就如親臨佛陀說法的靈山會上，與現場的會眾一起聽聞佛法，是多麼殊勝啊！

自古以來，祖師大德都鼓勵人們讀經，《高僧傳》、《續高僧傳》中，皆羅列了「讀經」、「誦經」等科，記載以讀經見長的法師。即使是不重文字的禪宗祖師，

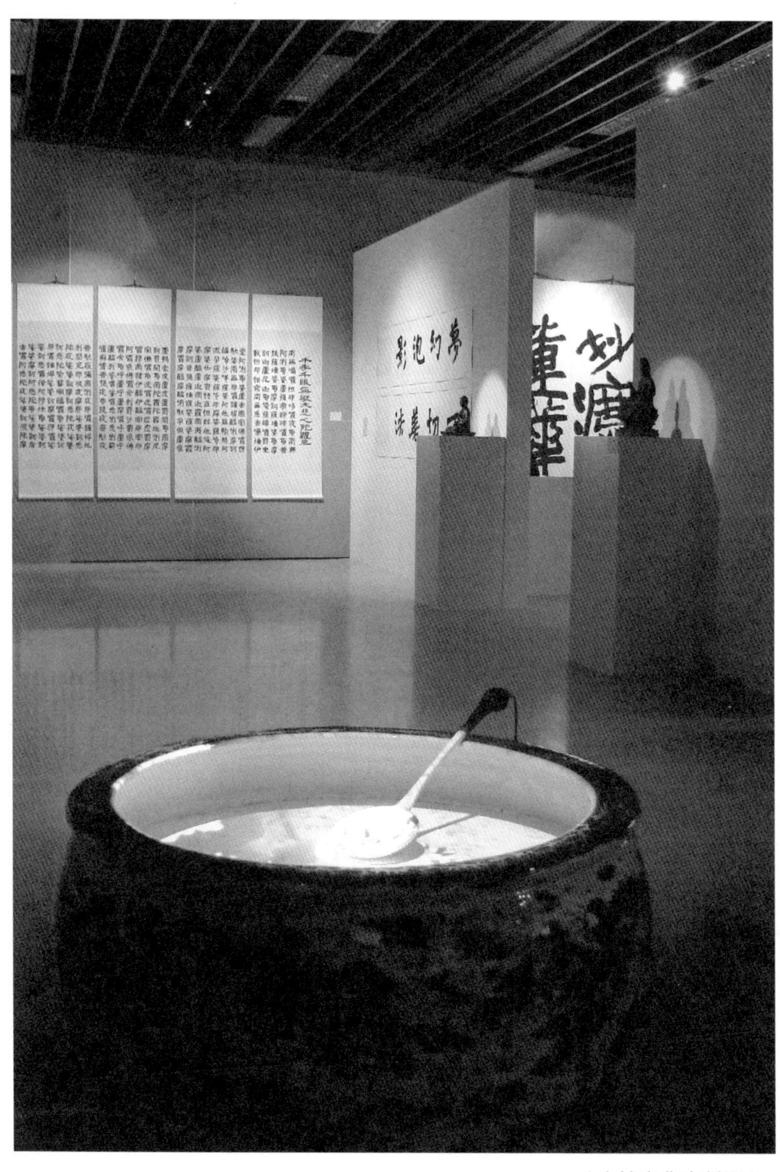

（法鼓文化資料照片）

也十分重視經典，例如四祖道信即十分推崇《楞伽經》的心法、《文殊般若經》的一行三昧；六祖惠能更是在聽聞《金剛經》時開悟，他的言行也爲後世留下了一部《六祖壇經》。

近代虛雲老和尚雖致力建設禪宗道場，但仍宣講《阿彌陀經》，鼓勵眾人念佛；事母至孝的弘一大師，每聽聞《地藏經》必落淚，除了自身閱讀，也鼓勵爲人子女報父母恩應讀《地藏經》。印順長老、東初老人，以及聖嚴法師除了自身讀經也講經，鼓勵弟子們應要深入經藏，長養智慧。

印順長老在《成佛之道》提到，佛弟子皈依後，要「多聞正法」，才能趣入佛道；從經典聞法，就是學佛的下手處。

Question

04

經典怎麼來的？

經典內容是佛陀所說的法，很多人非常好奇佛經是怎樣形成的。在沒有紙張的年代，經典是用什麼寫成的呢？

口誦相傳

早在二千六百多年前，佛陀在世說法時，都是口誦相傳，並沒有同時用文字記錄下來。但是當佛陀入滅後，弟子們爲了佛法的流傳，佛陀涅槃後九十天，佛經就展開結集（也稱合誦或會誦），在大迦葉尊者主持下，於靈鷲山下王舍城的七葉窟進行，共有五百位阿羅漢參加集結，所以也稱爲王舍城結集或五百結集。這次仍沒有文字紀錄，但與會眾公推阿難尊者結集「經」、優婆離尊者結集「律」，而富樓那尊者在窟外結集的，後來被整理爲「雜藏」。

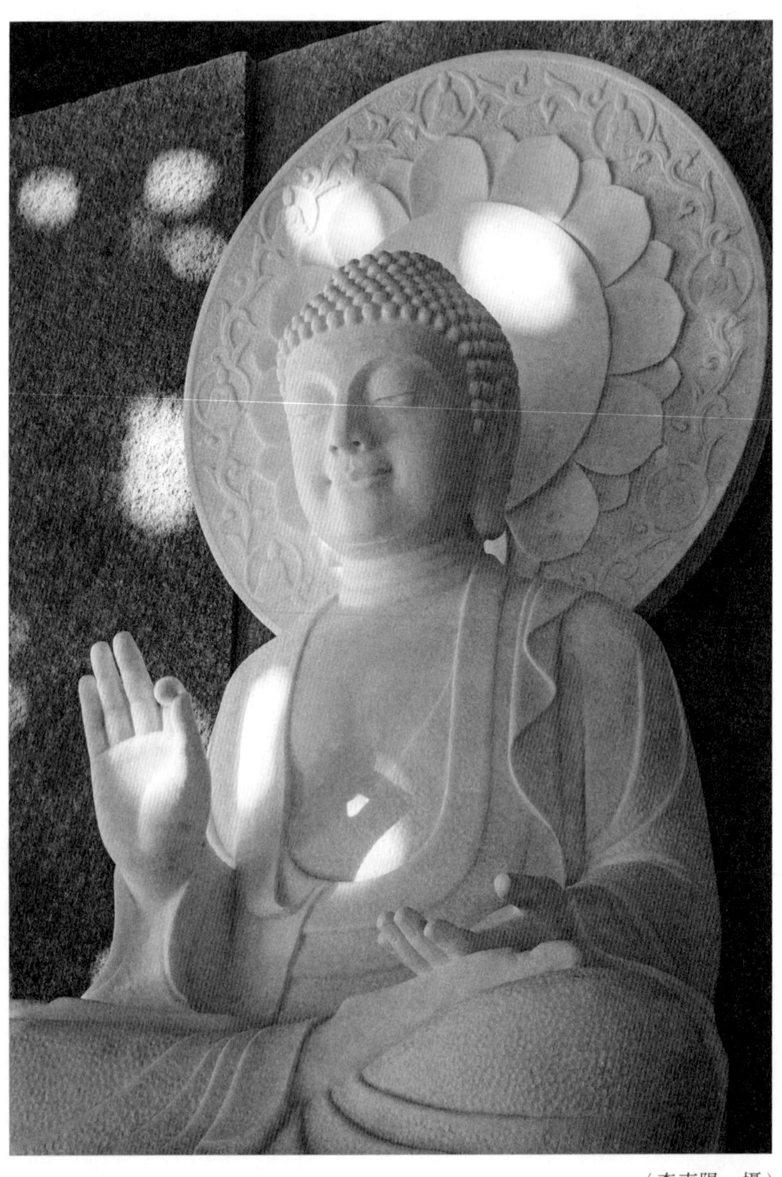

（李東陽　攝）

佛經的第二次結集，又稱七百結集，在佛陀入滅後約百餘年，約有七百位比丘在毘舍離城進行，由耶舍長老發起。《善見律》、《十誦律》、《四分律》、《五分律》中記載，由於比丘有十事違反戒律，爲此集合了七百名比丘討論十事是否符合佛法，卻也導致了分裂爲大衆部與上座部。

文字結集

佛經眞正有文字的結集，是到了佛陀涅槃一百五十年後年的阿育王時代，在華氏城（有一說在迦濕彌羅）選取了一千位通達三藏的阿羅漢進行合誦，合誦歷時九個月完成。

第一次結集是將佛陀的言行結集成九部爲修多羅（長行）、祇夜（重頌）、伽陀（孤頌）、尼陀那（因緣）、阿波陀那（譬喻）、闍多伽（本生）、伊帝目多伽（本事）、阿浮達摩（阿毘達磨）、優波提舍（論義），第二次結集是演九部爲四阿含，即《雜阿含經》、《中阿含經》、《長阿含經》、《增壹阿含經》等，第三次四阿含集結成書，也是現存記錄佛陀教說的最早典籍。

在造紙技術還沒有傳到印度之前，古印度人一直使用貝樹葉子書寫與記錄，佛教徒也用貝葉寫佛教經典，所以「貝葉經」的名字由此而來。貝葉經有兩千六百多年的歷史，是用古印度「齋雜」和「瓦都」兩種文字書寫，有的是用針刺上。

在紙張發明後，貝葉的功能雖然被取代，但是貝葉文獻不只是佛教法寶，也是全人類共同的珍貴文化。

什麼是《大藏經》？

《大藏經》爲佛教經典的總集，簡稱爲《藏經》，又稱爲《一切經》，是將一切佛教經典有組織、有系統地匯集起來，「經」是佛所說的法要；「律」是佛所制的戒律，屬於身、口的行爲規則；「論」則是佛弟子們對於佛法義理的思辨。根據《隋書．經籍志》記載，梁武帝在華林園中總集釋氏經典共五四〇〇卷，沙門寶唱撰《梁世眾經目錄》是佛經有藏之始。自漢至隋唐，佛經都靠寫本流傳，到了晚唐才有佛經的刻本。在現存許多經錄之中，以唐代智昇的《開元釋教錄》最爲精詳，該書錄有當時已經流傳的佛經共五〇四八卷。

《大藏經》三大體系

佛教從印度傳入中國後，其經典經過歷代的翻譯、流通，數量龐多，最後彙編成「藏」的，中國可考的有十幾次（宋與遼金八次、元二次、明四次、清三次）；國外可考的，高麗三次、日本九次。漢文《大藏經》從開始的五千多卷，發展到後來的上萬卷以上，除了因爲漢譯佛經數量有所增加以外，歷代編纂者不斷蒐集增補了以中國佛教文獻爲重心，大量新出新見的佛教文獻以及相關資料。現存的《大藏經》，按文字的不同可分爲漢文、藏文、巴利語三大體系，其中漢文又被翻譯成西夏文、日文，藏文則又被翻譯成蒙文、滿文等，巴利文則有漢文《南傳大藏經》譯本。

目前學術界常使用的漢文《大藏經》爲《大正新修大藏經》，簡稱《大正藏》，是西元一九二四年（日本大正十三年）由高楠順次郎和渡邊海旭發起，組織

（李東陽　攝）

大正一切經刊行會，小野玄妙等人負責編輯校勘，在西元一九三四年印行，共收集一三五二○卷，八○六三四頁。

佛典數位化

在佛典數位化方面，中華電子佛典協會（Chinese Buddhist Electronic Text Association，簡稱 CBETA，網址爲：www.cbeta.org）由臺灣大學佛學研究中心恆清法師開始籌募所需經費，北美印順導師基金會與中華佛學研究所全力支持，於西元一九九八年二月十五日成立，西元二○○八年完成《大正藏》與《卍新纂續藏經》CBETA 電子佛典集成，佛典的數位化對於學術研究者、佛教學者、佛教徒，乃至一般人，都能方便使用且受用無窮。

爲何要讀梵語佛典？

梵語，是中國與日本對古代印度語言的稱呼，起緣於印度傳說中，梵語是梵天（造物神）所創造的。廣義的梵語根據《梵語佛典導論》分爲「標準梵語」、「俗語」、「混合梵語」三類，「標準梵語」最初爲雅利安人的《吠陀》經典使用的語言，稱爲「吠陀梵語」，西元前四世紀，經語法學家波爾尼（Pānini）的組織、規範化，即爲今人所學的「古典梵語」。第二類爲源於地方方言的「俗語」，包含南傳佛教的重要語言「巴利語」。最後爲專屬佛教使用的宗教語言「混合梵語」，根據北印度方言，再參雜梵語、巴利語等方言發展而成，《普曜經》等佛典或《法華經》中的偈頌皆使用混合梵語書寫。

因此，在廣大浩瀚的梵語語言之海，目前的佛學院梵語教師皆認爲先熟悉古典梵語，再充實混合梵語的知識爲正確的學習之道。

研究梵語以了解佛典真正意涵

梵語這種古老的語言，行之爲優美的梵文，是佛學研究者的必備語言工具之一。學術研究上，首先要解決文獻和語言的問題，因此只研讀漢譯佛典是不夠的，只要涉及翻譯，一定有其局限性，若要通透了解佛典的意涵，必須要學會印度原典的語言，否則會畫地自限，不夠開闊。再者梵語是大部分大乘佛教經典的源頭，因此研究大乘經典一定要會梵語，才能發現翻譯的問題，並在義理研究上提出進一步的見解。最近幾年，隨著古代梵語寫本在尼泊爾、西藏等地相繼發現，對佛學研究者乃是一大福音，有更多的文獻加以比對、釐清，對於義理的闡述、突破也更有幫助。

溝通現代人與佛陀之間的橋梁

一般漢譯佛典只針對大問題做譯註，許多細微的觀念就必須靠自己挖掘，運用梵語解讀佛典常會對佛法有更深入的了解。清楚了解原意，沒有語言隔閡的快樂，只有運用原典語文的人才能體會，有了梵語的輔助，不再局限於漢譯佛典，更能直探佛法本意，這樣的研究才能在國際佛學學術界獲得肯定。學習梵語要慢慢地熟悉，不用心急，重點是要每天持續不斷地練習。學習梵語除了因興趣而學，更需要發願心來學，一種期望了解佛法的積極心理，就能持續地學習。梵語不只是語言工具，它更是現代人與佛陀之間的溝通橋梁。

更深一層地探討，運用梵語看懂佛典的原意，對義理的啓發、智慧的增長都有極大的助益，無論是爲了解讀經典或是深入義理，其實最終目的都在學佛、幫助修行，人與佛陀之間可以藉由梵語打破時間、空間的種種限制，感覺上似乎是佛陀在親領著理解佛的法語，當眞正通透佛典後，佛法在人的心中才能起作用，並在生活的起心動念中實踐，這就是一種修行。

為何有巴利語佛典？

交通發達的今日，到泰國、緬甸、寮國、高棉、柬埔寨、斯里蘭卡（古稱錫蘭）等區域旅行，距離早已不成問題。不過，如果想要通行無阻、溝通無障礙，在這些語言系統各不相同的國家，除了使用國際語言——英語外，還有一種語言能夠將這幾個國家串聯起來，搭起彼此間交流的橋梁——巴利語。

南傳佛教的經典語言

巴利語是什麼？為何如此神奇，能讓這些語系迥異的國家，有了相互一致的溝通管道。時序追溯至佛陀入滅後的三、四百年間，佛教分裂成兩大派系：上座部和大眾部。向南傳播的上座部，傳至錫蘭時，多以印度南方的方言：巴利語記錄經典，後來稱為「巴利語系的佛教」，又名「南傳佛教」。現今盛行於泰國、緬甸、寮國、高棉、柬埔寨、斯里蘭卡等地區的佛教，就是隸屬於「南傳佛教」，他們所使用的《南傳大藏經》，即統一以巴利語記載。因此，這些國家雖然是個別使用自己的語言，但有趣的是，比丘們彼此卻能夠以巴利語自由交談，甚至還創造出古老巴利語中所沒有的新語彙，例如火車、飛機、電腦等。

巴利原意是經典

屬於印歐語系的巴利語，是印度中期雅利安語中，早期的地方語言之一。「巴利」的原意是「經典」，遲至十四世紀之後，「巴利語」才成爲此種語言的名稱。巴利語和梵語源出同一語系，二者同形的語彙達總數的五分之二，但有別於梵語的精緻優雅、縝密和人工化，巴利語是沒有人爲成分，不經刻意雕琢的俗語、民衆語，亦無可供書寫的文字。

巴利語共有四十一個字母，包括母音八個、子音三十三個。它的語音和文法均較梵語來得簡單，因無專屬的文字，所以南傳佛教國家對於傳承下來的經典，便用各國的書體謄寫記錄。一直到西方學者開始研究巴利語佛典後，則統一以羅馬拼音書寫。

只依憑翻譯的經典來做佛學研究，將無法體會佛法原始純粹的意境，唯獨掌握第一手文獻——巴利語佛典，才可幫助第二手文獻——漢譯佛典的解讀及詮釋，同時有利於文化的交流。

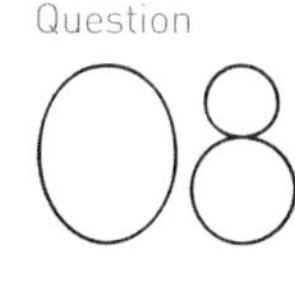

中國最早的佛經是哪一部？

《佛說四十二章經》是第一部漢文佛經，簡稱為《四十二章經》。本經是東漢明帝派人西行，請來迦葉摩騰、竺法蘭，將佛所說的某一段話稱為一章，共選了四十二段話編輯、譯成漢文，在西元六十七年（永平十年）完成，成為中國譯出的第一部佛教經典。

白馬馱經

根據歷史記載，東漢明帝有一天夢到一尊全身金色，頭頂有圓光的神，飛到大殿前，醒後問諸大臣是什麼神？其中有位名為傅毅的大臣說，這是印度得道者，人稱為佛，他有神通，可以飛行自在。因此，漢明帝便派遣張騫及秦景等十二人，前往大月支國，即現今的新疆一帶，取得《四十二章經》。

另外有一種說法是，迦葉摩騰與竺法蘭兩位西域高僧，以白馬馱經到洛陽，並將此經譯爲漢文，後人便將其住處命名爲白馬寺。洛陽郊外的白馬寺迄今還在，並可見到兩位高僧墳墓。

重視實際修行

這部經看似爲佛在同一時間內所講說，實則爲後人由不同的經典，一段段摘錄蒐集而成的。《四十二章經》是一部包含原始佛教與大乘佛教思想的經典，是一部重視在生活中實際修行的重要經典。如果能熟讀本經，並且依此修行，就能掌握佛法重點，並能清淨地生活。

中國古代如何培養譯經人才？

現代人若計畫出國留學，一般會選擇至坊間專門的語言訓練機構修課。不過有關「語言訓練中心」的機制，可不是近幾世紀才出現的。早在一千多年前魏晉南北朝起始，中國僧侶爲了西行取經求法，往往先到以翻譯佛經爲用途的寺院，學習佛教經典語言——梵語。相同地，天竺和西域的僧侶來到中國弘法，也會先到譯經中心學習漢語。

譯場：中國古代的語言訓練中心

佛教源自印度，對於記載教理的大乘典籍，乃以印度的諸多語言之一——「梵文」書寫。佛法傳入中國後，即引起統治者莫大的興趣，爲了解經中所講述的義理，於是由國家出面召集中國境內精通天竺語、西域語、漢語的僧人及在家居士，組織成大規模的譯場，翻譯經、律、論三藏。由於翻譯的工作亟需嫻熟梵、漢兩種語言的人才，因此「語言的培訓」也是譯場相當重要的一項任務。

晉代自龜茲國來華的鳩摩羅什大師，在草堂寺逍遙園譯經館一共譯出了七十四部、三百八十四卷佛經，成果斐然。而深諳梵語、西域數國語言及兼嫻漢語的他，同時也訓練出一批能通曉梵語的翻譯高手，例如中國佛教史上盛譽爲「四傑」的僧肇、僧叡、道生、道融。

唐代的玄奘大師，二十四歲時立下前往西方求取正法的宏願。由於西行的路途必須歷經殊方異域，還得和各國不同文化的人打交道，因此他出發前即努力向寓居長安的蕃人，學習梵語及西域各地的方言。貞觀十九年（西元六四五年）學成歸國後，玄奘大師奉敕主持長安大慈恩寺、弘福寺的譯場，除了完成七十五部、一千三百多卷佛經翻譯的偉大創舉外，也兼負梵語的教學。他的弟子窺基是協助譯

（李東陽　攝）

經的重要人物之一，窺基大師一生未曾離開過中國漢地，而他在梵語方面的學習，便是由玄奘大師親自教授。

為求正法、矢志西遊

魏晉南北朝以後的歷代僧人，先學會梵語再出國西遊，是十分普遍的情形。佛教學者曹仕邦在〈論中國佛教譯場之譯經方式與程序〉一文中提到：「大興善寺自隋開皇至唐貞觀間屢充譯場，其教授梵文成績特著，得受業者人皆以爲榮耶？」此外，現存《大藏經》「事彙部」中有關華梵對照的字書、全眞著《唐梵文字》、禮言著《梵語雜名》、寂圓著《唐梵兩語雙對集》等，這些工具書都是出自唐代譯場的作品。到了宋代，譯場則是嚴格要求所有參與翻譯的人員，都必須事先接受梵語訓練，相當於今日的職前訓練。

華、梵兩種截然不同的語言，因佛經的翻譯產生交流。而由於中國人對佛法的需求，造就了歷代「為求正法、矢志西遊」的諸多高僧大德，同時也形成學習梵語的風潮，附屬在譯場的「語言訓練中心」便因此產生。

爲何會有電子佛典？

讀經是了解佛法最直接與快速的方法，但是每個人家中不可能都有龐大的空間存放一套《大藏經》，因此，將佛典數位化以後，存爲一片光碟，不但方便使用，甚至隨時都可上網查閱，眞正達到「無遠弗屆」的妙用，人人都可以讀經學佛。

超越時空的限制

中華電子佛典協會便是因著期望讓任何想要閱藏的人都有機會如願以償而誕生的佛典整合機構。透過佛典電子化科技的研發，將佛典用網站、電子書等現代數位傳播方式，改變原來記載經典的傳統紙本媒材，超越時空的限制，方便佛典保存與佛典交流應用，讓佛典現代化、生活化，在現代生活中隨時都可取用。

方便隨時讀經

電子佛典不但可以讓人隨時讀經，而且還能提供搜尋、校勘與考證等功能，這對於修學佛法和研究佛學都是一大方便，也因此能提昇佛學的水準，加速國際間的合作與交流，讓佛典的智慧傳遍世界各角落。

Question

11

經典開頭爲何有「如是我聞」？

許多人好奇，爲何許多經文一開頭便是「如是我聞」，經末則以「信受奉行」來結尾呢？

在釋迦牟尼佛即將入涅槃時，因爲弟子們知道佛陀即將捨報，推阿難尊者向佛陀請教四個問題，其中的一個問題即是請佛陀就未來佛法的弘傳，開示最後的遺教。根據《大智度論》記載，釋迦牟尼佛咐囑阿難尊者，在日後結集佛法經典之時，每一部經的經文皆以「如是我聞」爲起始，表示這是由佛陀親口宣說，而阿難尊者親聞。

至於經末常出現的「信受奉行」，主要是對佛陀的承諾。在聽完佛陀說法後，「大衆聞佛所說，皆大歡喜」，不僅相信佛陀的教法，而且法喜充滿，也會將教法實踐，具有勉勵大眾精進的意思。

佛經的主角

佛經如同文學作品，是非常生動的作品，從作品中出現的主角來看，說法的佛陀當然是第一主角，其他常出現的聽法者，有比丘、聲聞、緣覺、菩薩、天人、人、非人等，大家海會雲集到勝會聽佛說法。而佛陀說法的原因，通常是因爲眾人有了疑問，想請佛陀開示，所以經典中另一個重要的主角就是提問者，常見的有阿難、舍利弗、須菩提、文殊菩薩等。在經典中，佛陀也常提到相關的佛、菩薩等，例如《心經》、〈普門品〉的另一位重要主角就是觀音菩薩；《地藏經》的另一主角就是地藏菩薩；《法華經》則出現了多寶如來、藥王菩薩、常不輕菩薩等。

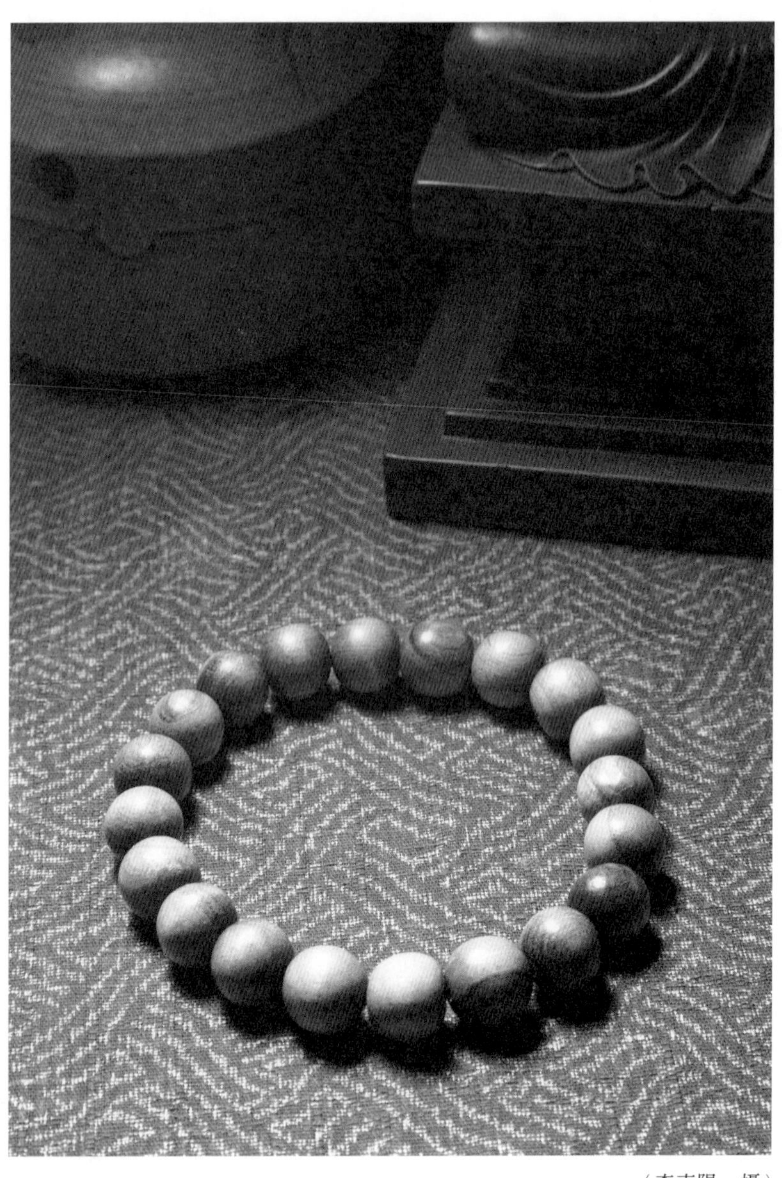

（李東陽　攝）

佛經的地點

佛經經文一開始除了「如是我聞」之外，接下來便會出現講經的地點，如今這些對我們而言很陌生的地點，是當時印度佛陀弘揚佛法的場所，例如靈鷲山、給孤獨園、王舍城、舍衛城、廣嚴城；佛陀也曾往天界說法，例如忉利天宮、自在天宮，都是佛經常出現的地點。

Question

12

佛經具有什麼特別的文學性？

佛經常有豐富的文學性表達方式，例如押韻的偈頌、譬喻性的描述，也有非常多元的故事題材，可以說佛經本身即是優美的文學作品。

漢文佛經是由印度梵文佛經翻譯而成。聖嚴法師在《學術論考》指出，由譯成漢文的佛典可見其體裁及題材豐富，常見的則是所謂十二部，也就是以十二種文學型態的表達方式，來呈現佛教的義理及其信仰實踐的內容。

佛經的十二部爲：

1. 契經：散文體裁的長行，又名「契經」。
2. 重頌：散文之後再以韻文詩歌體裁表達一遍的「重頌」。

3. 孤起頌：散文的篇章之中，偶爾會挾有一首單獨的韻文，稱爲「孤起頌」。

4. 因緣：每部佛經的開頭，多有一段敘述該經的請法及說法的因緣，稱爲「因緣」。

5. 本事：追敘佛陀弟子們的往昔生中，種種因緣經過的，稱爲「本事」。

6. 本生：追敘佛陀在往昔生中修行菩薩道階段的種種事蹟，稱爲「本生」。

7. 未曾有：記錄佛陀顯現種種神通不可思議事項者，稱爲「未曾有」。

8. 譬喻：用故事寓言的題材，說明甚深的佛法義理者，稱爲「譬喻」。

9. 論議：直接用論辯說理的形式者，稱爲「論議」。

10. 無問自說：不須弟子請法而佛陀主動說法者，稱爲「無問自說」。

11. 方廣大乘：佛陀說出方正廣大，衆生皆能成佛的經文者，稱爲「方廣大乘」或「方等大乘」。

12. 授記：記載佛陀爲弟子及菩薩們預告何時成佛、佛名爲何、佛國何名的題材者，稱爲「授記」。

佛經中種種富有文學性的表達方式，是一種弘法利生的方便，能讓人更容易親近、了解佛法的意義。

2

讀經有方法

Question

13

讀哪一部佛經最好？

學佛的人，到底該讀哪一部經最適合呢？佛說的每一部經都是針對不同的對象，在不同的時機、因緣所講，就像是幼稚園時讀的課本，對幼童很有幫助；升上小學後，小學的每一種課本和課程也都適於小學程度學習，不必分別哪一堂課比較好。因爲各科領域不一樣，性質也不一樣，佛經也是這樣。

能相應就是好經

佛教徒讀佛經，應該是每一部經都很好，當你看或讀了哪一部經，讓你覺得很有幫助、心很安定，它就是最好的。不要迷信念哪一部經功德較大？哪部經功德較小？每一部經都有無量功德，不要比較哪一部經最好，哪一部比較不好。

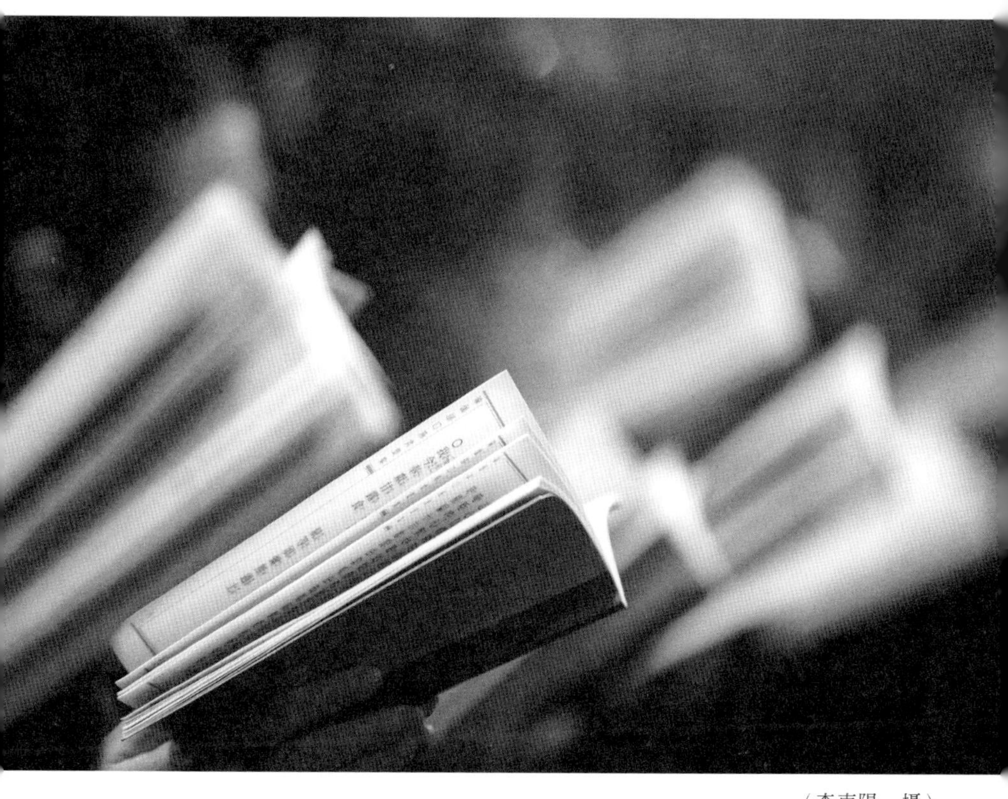

（李東陽　攝）

中國人常誦的經，例如《地藏經》是爲超度過世的人；《藥師經》是爲消災延壽；《阿彌陀經》是爲求生西方極樂世界；另外，像《法華經》、《金剛經》，以及更大的八十卷《華嚴經》，也有人念；還有最短的只有二百六十個字的《心經》，這些都是很重要的經典。

讀經做定課

事實上，每一部經典都很好，如果卷帙太多，可以從裡面抽出一品或一卷來每天誦念，做爲定課。但不要爲了某個目的，臨時改讀別的經，因爲每一部經都能夠讓我們達成所有的目的。

讀佛經能夠開我們的智慧，能夠袪除煩惱，能夠利益自己，利益他人。所以沒有哪一部經最好或最適合，但看自己喜歡哪一部就讀哪一部。

Question

14 佛經很難讀懂嗎？

雖然讀經的好處很多，但還是有人認爲佛經經文那麼難懂，把讀經視爲畏途。其實只要了解佛經的基本架構，對佛經有初步的認識，就不會對讀經心生抗拒，也有助深入了解經義。

掌握佛經的基本架構

佛經如同其他著作都有其格式，內容包含了主題、人、事、地、物，只要懂得佛經的基本架構，讀懂佛經一點也不難。以一般人所熟知的《心經》爲例，經中主角爲「觀音菩薩」，經文內容講的是「空」的眞義。

此外，佛經通常以「如是我聞」起頭，而以「信受奉行」結尾，內容大致可分爲三部分，即序分、正宗分、流通分，分別是交代佛經的眞實性與重要性，其中「正宗分」是佛經的主要內容。在「正宗分」中，經常可以看到佛陀善用譬喻、因緣或本生故事的方式，來讓聞法者領受佛法智慧，例如《維摩詰經》就是透過維摩詰居士與文殊菩薩的對答，來闡述在家居士的修持心要，以及大乘菩薩道的思想。

善用佛學工具書

讀經要善用佛學工具書，借助印度與中國歷代祖師，乃至現代善知識的註解詮釋是必要的，例如近代的太虛大師、印順長老、東初老人、聖嚴法師，都曾講解過多部經典。

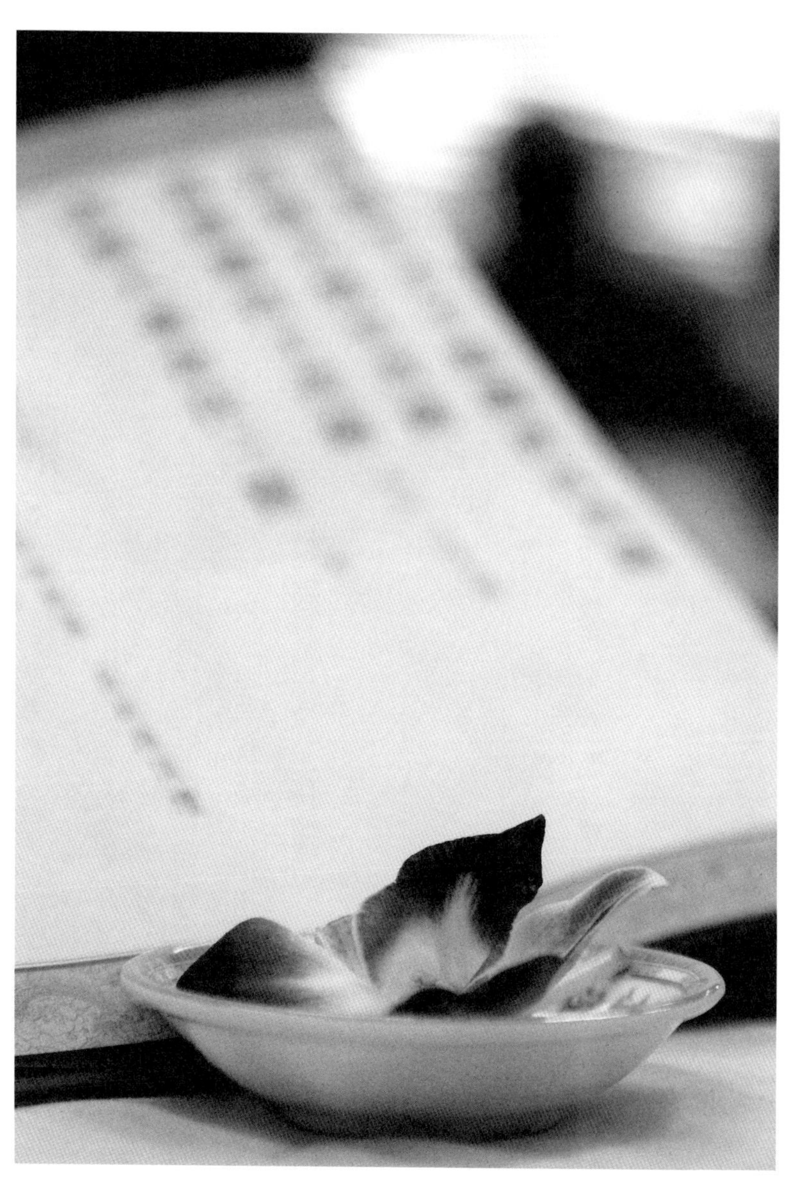

（許朝益　攝）

Question

15

讀經有什麼功能？

讀經是親近佛陀教法的方式之一，讀經有什麼好處呢？聖嚴法師認爲讀經有六大功能：可明心、解義、修定、弘法、護法，以及超度與祈福。讀經不僅可以成長自我，還能發揮教化、弘法的功能，是自利又利人的修持法門。

讀經的功能約略可分爲六種：

一、讀經是爲明心

時時讀經就像是時時用明鏡來照心一樣，煩惱無明就會減少。

二、讀經是爲解義

每讀一次經，就會對經典的玄文奧義多一分認識。

三、讀經是爲修定

讀經時要都攝六根，口裡專意念誦，耳朵仔細傾聽念出來的聲音，不必去理會經文的意思。獨自自修的時候，因爲別無選擇，只好自念自聽。但是人多的時候，最好是聽別人念出來的聲音；不論是聽群體合念的聲音，或是某一個特定對象比較穩定順暢的聲音都好。聽自己的聲音很不容易得定，可惜一般人往往執著於自己的聲音。因此，讀經還是跟多數人一起讀比較好。

四、讀經是爲弘法

六祖惠能大師因爲聽到人家讀誦《金剛經》至「應無所住而生其心」，便於言下豁然開悟。所以，讀經的人自己不開悟沒有關係，能夠讓別人開悟也很好。因此，你在誦經時，說不定眞的有人聽了你念經，引發善根。

五、讀經是爲了護法

在大乘經典裡面，多方提及，佛滅度之後，凡是有人受持讀誦佛經，就等於佛住於世，此人居處即得十方諸佛及護法龍天護持。護持佛法僅是將佛經擺著是不夠的，應當進一步受持讀誦。

六、讀經是爲超度及祈福

佛教徒相信臨命終時，親友爲亡者做佛事具有超度的功德。通常會誦經來超度亡者，因爲在這個關頭，打坐不如誦經來得直接有利。

誦經既能嘉惠生者，又可資益亡人，可說是冥陽兩利的事。一切衆生，不論天、人、鬼神，乃至有靈的畜生，凡是未出離三界的，都需要讀經修行。

什麼是佛經的根本要義？

佛法深廣如大海，形諸文字的佛經，即是所謂的三藏十二部，常讓讀者望經興嘆，不知從何著手？即使窮盡一生看完全部的佛經，還是不一定看得懂。就算是只專研其中一部經，也不容易鑽透。既然如此，該如何面對佛經呢？

儘管佛法浩瀚如海，義理既深且廣，只要能夠掌握綱領，就如同得到一把入門的鑰匙，可以進入佛教的殿堂，了解佛經的義理。所謂掌握綱領，就是要了解佛經的要義究竟是什麼？

佛經的要義分爲兩個部分，一個是屬於心的分析，一個屬於煩惱的化解。佛經主要的功能在於心的分析，希望讓人了解到所生存的環境是怎麼一回事。煩惱的化解，則是讓人能夠在痛苦不已的生死苦海之中，得到解脫，這也是學佛的目的。

佛經的四大根本要義

佛經有四大根本要義，就是苦、空、無常、無我。苦是什麼？我們人生本身就是個苦的事實，苦是因爲有生、老、病、死的無常變化。世間萬物有生必有滅，無法保持不變，沒有絕對安全的地方。沒有安全感是種苦，世間的事物都是會變化，追求安全也是種苦，安全了還會擔心失去，所以也是苦。

既然一切都是無常的，只要反過來看就不以爲苦了。無常的東西不會永遠存在，既然無法永遠，就不需要斤斤計較於得失利害、成敗、進退，因爲計較是沒有用的。你也許可以暫時擁有，但終究不是你能夠永遠持有的，一切都在無常變化中。因此即使有功德，也不要把它當成功德看，因爲因功受福，也是無常，也是苦，也是空。如果能夠理解到這個程度，就是有智慧的人，就是得解脫的人。

（李東陽　攝）

沒有苦的人

不過，得到解脫的人仍然還是在人間，例如羅漢得解脫，佛得解脫，他們的肉身雖然不在人間，但是法身常存，死後還會再來度化眾生，這就是菩薩。菩薩雖然在人間，有身體，有家產，但是卻不認爲這些是他的，這便是無我。能夠無我就是得解脫的人，就是有大智慧的人，就是沒有苦的人。

無常會讓人痛苦，但也可以讓人得解脫。有智慧的人遇到無常就知道要放下執著，從痛苦中得到解脫；沒有智慧的人遇到無常，就會一直執著不放感到痛苦。能夠體會到苦、空、無常、無我這四個要義，即是得到了全部佛經的精義。佛經雖然浩瀚，只要不離開這四大根本要義，就等於持有了打開佛法殿堂的鑰匙。

Question

17 如何掌握經典結構？

當我們拿到佛教經本時，除了經題，可能對經本架構與內容一無所知。腦海可能還會出現很多對經典的疑問，例如佛經全部是佛親口所說嗎？經典是否像作文一樣，有起承轉合的要求？是否也分成論說文、敘述文等類別？一本經只能出現一種體裁嗎？

其實，只要把握經典的基本架構，了解一部佛經有哪些基本元素，對經典有基本的認識，讀起經來就能掌握整部經的主旨與精華，讀出佛法的滋味，而不是囫圇吞棗。

首先，佛經除了是佛陀所說，還有佛弟子、諸天、仙人、化人說，而經過佛的認可，都可視爲法寶、經典。佛經的宣說是爲了解開生命的疑惑，以及教化大衆的方法，讓人生起對佛法的信心，繼而去受持、弘傳。

佛經的三大元素

一般的書籍是由書名、作者與內文所組成，佛經則是經題、譯者和經文。佛經的特別之處，是沒有作者，因爲佛經是由佛弟子結集而成，佛陀是主要的說法者，而佛經又是從印度傳來中國，所以只有譯者。

以《佛說阿彌陀經》爲例，經本一開頭便會出現「佛說阿彌陀經」、「姚秦三藏法師鳩摩羅什譯」，「佛說阿彌陀經」即是經題，也就是這本經的名字，也可大概看出此經的旨趣，內容講述關於阿彌陀佛的功德與本願，還有對西方極樂世界的描述。而譯者就是通曉經典、律典、論典的「三藏法師」鳩摩羅什。

佛經的內文結構

經文是讀經的重點，也有其基本架構，晉朝道安法師把經文內容分為三大架構，稱為「三分科經」，即是序分、正宗分與流通分。

序分：也可以稱為「序論」，就是說明這部經典的起源，介紹佛陀當時說法的因緣、在場的聽眾以及請問佛法的人。序分又可分為通序與別序。通序，是通於一切佛經；別序，則別限於本經的教起因緣，又分為證信序與發起序兩類。

正宗分：也可以叫作「本論」，是經中最重要的義理，闡述這部經的宗旨及主要內容。

流通分：也稱為「餘論」或「結論」，是說明宣傳和受持此經的功德以及必要性，叮嚀並鼓勵接觸到此經的大眾應將之流傳下去，並且要不斷地弘揚此經。

Question 18

爲何讀經前要念〈開經偈〉？

我們在讀誦經典之前，會看到佛經出現四句話：「無上甚深微妙法，百千萬劫難遭遇；我今見聞得受持，願解如來眞實義。」這即是〈開經偈〉。在講經、誦經、讀經之前，都會先持誦〈開經偈〉，以表示對佛經典的尊敬，對自己而言，也生起一種莊嚴之心。

佛經雖然是用文字組成的經典，但是在讀誦時，還是要把它當作是在佛陀面前聽聞佛法那樣地恭敬鄭重。

無上甚深微妙法

所謂「無上甚深微妙法」，是說佛法是最高、最好的。「甚深」並不一定是專

開經偈
無上甚深微妙法
百千萬劫難遭遇
我今見聞得受持
願解如來真實義
大方廣佛華嚴經
入不思議解脫境界普賢行願品
罽賓國三藏般若奉詔譯
爾時普賢菩薩摩訶薩稱歎如來勝功
德已告諸菩薩及善財言善男子如來
金剛般若波羅蜜經

（李東陽　攝）

指深奧，而是說佛法是最圓滿的智慧；爲我們提引慈悲心、增長慈悲心的一些道理和方法；因此叫作「無上甚深微妙法」。

百千萬劫難遭遇

「百千萬劫難遭遇」，意思是指我們能聽到佛法、看到佛經，不是容易的事，就像稀世珍寶一樣，「千載難逢」都不足以形容；而能夠聽懂，願意接受佛經的教導，照著去做，更是不容易；因此說「百千萬劫難遭遇」。「劫」是指時間，每一劫所涵蓋的時間，是我們一個世界的生成與毀壞。雖然一劫的時間相當長，但是經歷百千萬劫，都不容易遇到一次佛法，因此佛法相當難得。

釋迦牟尼佛的時代至今，已經有二千六百多年，但是知道佛教與讀過佛經而依教奉行的人是很難能可貴的。以臺灣爲例，要請購或借閱佛經都非常容易，然而願意讀佛經的人還是不多，看過佛經而依著佛經義理展開修行的人更少了。有的人是因爲好奇而讀佛經，有的人是爲了學術研究而讀佛經，有的人則是爲消業祈福去讀佛經。眞正將佛經當成修行生活的指導經典，把佛法應用在日常生活之中，並且希望生生世世遵行經旨的人，眞是非常少數。因此說「百千萬劫難遭遇」，我們難得遇到佛經，因此要很珍惜。

我今見聞得受持

「我今見聞得受持」，是說我現在能夠見到佛經、聽到佛法，而且接受它、用它，就不會再放下它、悖離它，永遠都會照佛經所說的法去努力修持。

願解如來眞實義

「願解如來眞實義」，意思是希望自己能夠理解如來所說的法義，並且能深入體會眞實義理。

以上就是〈開經偈〉的意思。

真正在學佛

我們在研習讀誦佛經時，最好先念〈開經偈〉這四句話，即使不一定要看一部經，就算聽幾句佛法，或是看幾句佛法，也可以用這四句話來勉勵自己，對於自己會有很大的用處。如果能領受這四句話的涵義，用它來修習佛法，就是眞正在學佛，眞正在修法，也才算是一個眞正的佛教徒。

Question 19

佛經爲何有許多難懂的梵文？

我們在讀經時，常會看到佛經出現一些難懂的梵文詞語，那些大多是名詞，因爲漢文可能找不到相同意思的東西，所以產生新名詞。

音譯名詞

「佛」和「菩薩」都是印度的名詞，不是中國的名詞。由於佛經裡面的人名、地名，以及一些形容詞或名詞，在漢文裡找不到恰到好處的表達詞語，只好依照印度的原文把它的音譯出來。因此，我們在佛經中常看到的特殊名詞，譬如像「阿耨多羅三藐三菩提」，它的意思其實很簡單，就是「佛」的意思。「阿耨多羅三藐三菩提」意思是無上正等正覺，表示佛是無上的，沒有比佛更高的，是「正等」、「正覺」，又叫作「正遍知覺」。「正等」是說有多大就有多大，等同於無限大，要有多高就有多高，等同於無限高，是超越或超度。「正覺」、「正遍知覺」的意思都是「菩提」，意思是佛的智慧是無處不在，無時不在，時刻都能產生力量，時刻都在每一個人的心中。只要我們相信，願意修學，就能體會到，接觸到；如果我們既不願修學，也不相信，那麼就算佛在面前，還是看不到的。

另外，讀佛經時也會常讀到「摩訶般若波羅蜜」，這是什麼意思呢？「摩訶」是梵文，意思是「大」；「般若」是「智慧」；「波羅蜜」是「超越」、「超度」，也就是用偉大的智慧來超越煩惱帶來的苦，而達到大智、大悲、大願、大力的程度，即稱為「波羅蜜」。

波羅蜜是梵文，中文翻譯成超越、超度，例如人過世了以後，請人誦經，做佛事超度，實際就是波羅蜜。因為聽聞佛法之後，心會變得開朗，能夠得到智慧，不會鑽牛角尖製造煩惱，也不會對自己和他人放不下，對於事情看不開，這就是有智慧，有智慧就能夠超度。如果能用大智慧，就更能夠處理凡夫境界種種煩惱而成爲大菩薩、佛，這是超度，也就是摩訶般若波羅蜜。

掌握字詞的佛法精神

「摩訶般若波羅蜜」一語有古德譯爲「大智度」，但是一般都是就原文直接音譯。在看到梵文經典裡的一些難解名詞，譬如「阿耨多羅三藐三菩提」，可以先不要考慮字的意思，只要知道這個就是佛；或是看到「摩訶般若波羅蜜」，了解這個是超度。但不能直接翻譯成超度，也不能僅僅翻譯是佛，只有用梵文將它表達出來，像這樣的詞句，經典裡面相當多。這些名詞如果見多了，能夠查一查字典，就能更深入了解其意涵，對知見的建立是有幫助的。

開始讀經前需要做什麼？

如何做好讀經的準備呢？

一、心態

爲何要讀經呢？讀經不只是爲了增長佛學知識，或是爲了學術研究，而是從經典中觀照自己的言行，是否有違反佛陀所說的教法，來修正我們的行爲，這才是我們讀經的目的。所以唐朝善導大師在《佛說觀無量壽佛經疏》說：「言讀誦大乘者，此明經教喻之如鏡，數讀數尋開發智慧。若智慧眼開，即能厭苦欣樂涅槃等也。」

二、方式

聖嚴法師在《禪門》一書中指出，讀經有四種方式：一是眼讀，即默看而不出聲音或是在心裡默念；二是朗誦；三是唱誦；四是持誦。聖嚴法師在《絕妙說法——法華經講要》也提到，讀經是照著經本出聲念，誦經是不看經本出聲念，兩者可以選擇敲不敲木魚。朗誦與唱誦都是發出聲音讀，最大的差別是按照經本「念」或「唱」出來，後者常見於早晚課或法會上。一般都習慣在讀經前先念〈淨口業眞言〉與〈開經偈〉，經文讀完後，則念〈補闕眞言〉與〈迴向偈〉。而讀經與持經有何不同呢？「讀經」是指讀完一本經書後，再另閱其他經書。「持經」則不同，那是經年累月，持之以恆地反覆讀誦同一部經書，當成自己的修行法門、定課。

三、姿勢

讀經要採取怎樣的姿勢，因時間的長短而各有不同。短時間誦經通常是用站的或用跪的，例如早晚的課誦，就是站與跪交替；長時間讀經則多半採坐姿，也有用趺坐或椅坐。南傳、藏傳與日本佛教的讀經，多用盤坐或跪坐。

四、地點

在準備讀經之前，先要洗手、漱口、儀容莊嚴。然後設經桌、供佛像，並奉上香花燈燭和飲食等供品，如此做是爲能夠生出恭敬心，因經典被視爲法寶，是十分珍貴。除了家中佛堂，通常選一處安靜的處所，讓自己能靜下心來讀經即可。

五、時間

什麼時間適合讀經呢？每次要讀多久呢？讀經的時間沒有限制，時間多寡也因人而異。有人認爲晚上不適合讀經，怕招惹怨親債主，但佛陀說人身難得，當有人讀經時，他們很自然也想聽聞，希望獲得救拔，因此讀經具有冥陽兩利的功能，只要心存正念，時時都可以讀經。至於該讀多少時間，通常是依經文的長短而定，長則如《地藏經》、《法華經》，可以用「品」依序讀誦；短則如〈普門品〉、《阿彌陀經》、《金剛經》，可以一次讀完整部。

（李東陽　攝）

Question

21 爲什麼要誦經？

佛教很重視寺院誦經，把早晚課誦佛經當作重要的功課，誦經到底具有什麼意義呢？

誦經誦給誰聽？

中國的民間信仰認爲誦經是爲了超度亡靈，其實這是似是而非的觀念，佛經是佛陀當時說給弟子們聽的法，讓弟子們可以依此持戒、修定與發慧。佛經中亦有記錄著諸佛菩薩如何修行，羅漢如何成爲羅漢，佛如何成爲佛，並且要我們了解爲什麼要學佛？以及自己是不是也應該修行成佛？這都是佛經要告訴我們的重要啓發。

心中明鏡

誦經有什麼功用呢？誦經的功用很多，它就如同讓我們拿著一面鏡子做反省，從鏡子裡，我們可以看到自己的心哪裡髒了？如果沒有鏡子，我們就看不出自己的缺點，無法改進。因此，誦經就是讓心裡有一面明鏡，讓它反應出我們的缺點與需要改進處，讓我們反省自己有沒有照著經典所說的方法去努力。

此外，誦經也可以安定我們的身心。誦經不一定要知道它的內容，能知道當然很好，不知道的也沒關係。只要在誦經時，專心地誦，心就能夠安定下來，這也是修定的一種方法。例如當遇到困難危急時，什麼人都幫不了我們，就只有佛菩薩能幫忙，可以誦經來安心。一旦養成了習慣，當我們心中有困頓，對佛菩薩有祈求時，就容易與菩薩感應道交；無所求的時候，佛菩薩的慈悲智慧也能讓我們成長，因此要常常誦經，並能成爲定課。

Question

22 爲何要鈔經？

今日我們閱讀經典十分便利，但在古代，要擁有一部經典卻是一件十分困難的事，主要是靠著人們用書法抄寫經文，所以鈔經對佛法流傳起了很大的功用。此外，社會名士、文人因與僧人往來，也樂於鈔經，也爲世人起了示範作用，並留下傳世的經典書法作品，是佛法的弘揚，也是書藝的展現。

鈔經的作用

鈔經除了流通佛典、弘揚佛法的功德外，更重要的還是修行本身。鈔經首重定心，專注不散亂，就不容易有妄想，一筆一畫，隨文入觀，讓佛法句句刻入心田、念之於口、書之於手、注之於心，達到身、口、意三業清淨，同時具足戒、定、慧三學的修行。

草聖懷素在其《自敘帖》中寫道：「懷素家長沙，幼而事佛，經禪之暇，頗好筆翰。」他的書風特色是線條粗細一致，線條中無頓挫，運筆速度極快。懷素所抄的《佛說四十二章經》被評為「清逸瘦勁通神之妙，如青蓮花開向筆端，此亦書中第一義也」，可知懷素的禪修工夫盡現於鈔經，是筆人合一。懷素禪心藝境融為一體，體用不二，也是書法禪的最佳演繹。

見經即見法

鈔經具有親近如來、攝取福德、讚法與修行、受天人供養，以及滅罪五大功德。《占察善惡業報經》也提到，書寫供養經典具有如下之功德：一、於究竟甚深第一實義中，不生怖畏，遠離誹謗。二、心能信解，得正知正見。三、能除滅諸罪障。四、能現證無量功德。

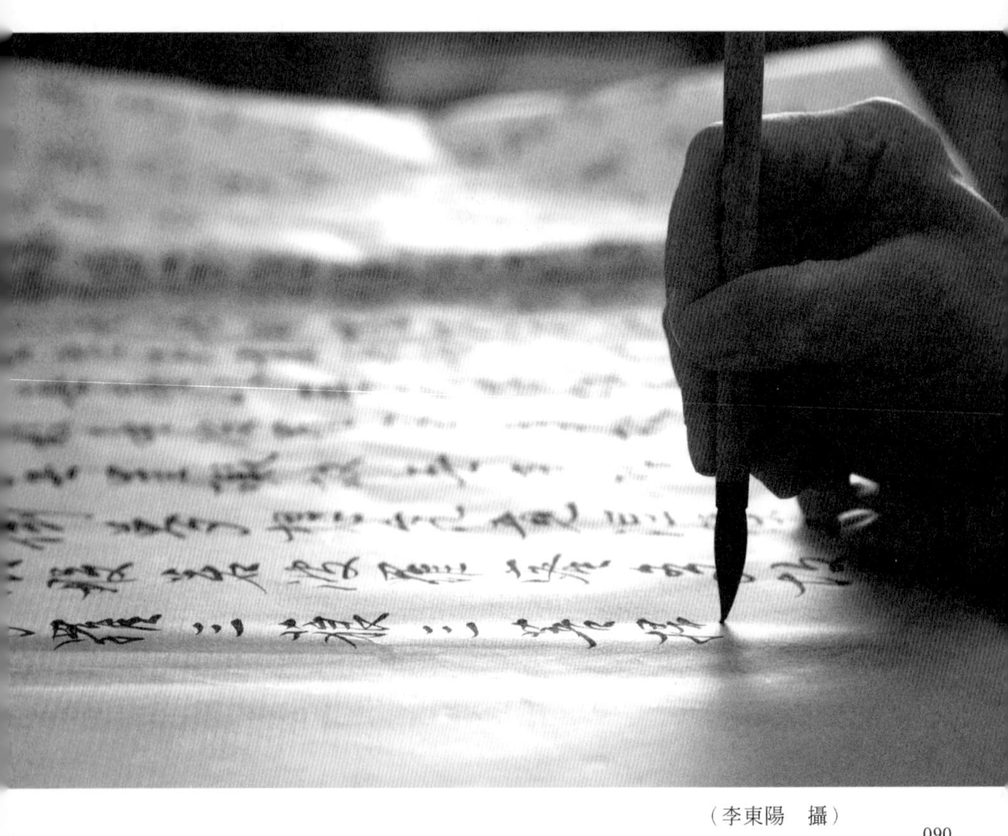

（李東陽　攝）

在諸多經典中，例如《金剛經》、《藥師經》、《地藏經》、《維摩詰經》、《法華經》等，也都提到鈔經有極大的功德。所以，歷代許多佛教者視鈔經爲修行與表達虔誠的方式，目的爲弘揚佛法，或爲祈福、報恩、布施、薦亡，包括僧人、帝王將相、士吏文人，甚至平民百姓都藉由鈔經，累積並迴向功德。

鈔經除了有功德、修定外，對於經典的領略也有幫助，聖嚴法師曾說鈔經有兩大功能：一、加強記憶，抄寫一遍，勝過閱讀十遍；二、起恭敬心，每次提筆鈔經，均宜沐手焚香，甚至先行頂禮三拜，因爲見經即見法，見法即見佛，見佛之時心必調柔清淨，鈔經之時，專念一意，如面對佛，所以等於聞佛說法，也由於凝心專注，即等於修習禪定。

鈔經，可說是修行的方便法門，既能鍊心又有功德。如果新手佛教徒想鈔經，又該從什麼經帖入手？

對鈔經新手來說，可從《心經》、《藥師經》、《阿彌陀經》、《金剛經》、〈普門品〉等篇幅較短的經典抄寫，加上這些經典大都耳熟能詳，抄寫起來更容易專注。另外，也可以臨摹名家的鈔經作品，不必擔心經文漏寫或筆順等問題。等到鈔經一段時日後，可依自己相應的法門來選擇，例如《地藏經》、《法華經》、《華嚴經》等。智者大師、弘一大師就曾抄寫《地藏經》；韓國的元應法師則以抄寫《華嚴經》爲修行定課。

Question

23

如何處理寫完的鈔經本？

抄寫經典圓滿後，要如何處理也是許多學佛新手的問題，如果鈔經作品不錯，可與親朋好友結緣。另外，可將抄完的經本放在佛前，頂禮三拜，念〈迴向偈〉或發願，再頂禮三拜後，放入乾淨的紙袋回收。如果家中沒有佛堂，則可以將經本捧在雙手上，如捧課誦本，或放在桌上，雙手合掌，虔敬地迴向、發願後，放入乾淨的紙袋回收。所謂回收，有幾種方式：一、如果家中附近有焚化爐，則可送去焚燒。二、可用碎紙機碎掉。三、當作一般紙類回收。

抄完後的經本處理方式，無論選擇哪一種，以恭敬心與清淨心來做到肅穆與莊嚴，就是最好的圓滿方式。

Question

24 什麼是硬筆鈔經？

想鈔經卻不懂書法，又擔心字跡不好看？其實，鈔經首重用心與恭敬心，加上現代書寫工具多元，除了毛筆外，也有許多筆種的選擇，爲了符合現代人書寫的便利，硬筆書法的概念應運而生。

隨時安定身心的法門

所謂「硬筆」指的是，我們目前生活中使用的原子筆、鋼珠筆、鉛筆、簽字筆等書寫工具，這些筆的筆心都不像毛筆一樣具有彈性，所以被歸爲「硬筆」一類。硬筆臨寫的方法大致與毛筆相同，先一個字一個字地臨，務求形似，特別注意筆畫的長短和斜曲，以及上下筆之間的應接。之後再一段一段臨，讓上下字得以氣脈相連，寫字就會流利、自然。

爲了現代人鈔經的需求，市面上已有許多硬筆鈔經本應運而生，大都請名家執筆鈔經，供初學者臨寫。

人們透過鈔經本也能掌握書法氣韻生動的美感、自在變化的空間感，更是隨時安定身心的最佳練習法門。常見的鈔經本有《心經》、《藥師經》、《阿彌陀經》、《金剛經》、《地藏經》等。

行禮如儀

雖是硬筆鈔經，在準備鈔經前，也要行禮如儀：一、洗淨雙手，端身正坐，收攝身、口、意。二、雙手合掌，三稱「南無本師釋迦牟尼佛」。三、誦念〈開經偈〉：「無上甚深微妙法，百千萬劫難遭遇；我今見聞得受持，願解如來眞實義。」。四、靜心鈔經。五、鈔經完畢，雙手合掌，誦念〈迴向偈〉：「願消三障諸煩惱，願得智慧眞明了；普願罪障悉消除，世世常行菩薩道。」六、鈔經功德圓滿。

Question

25

如何修持《心經》？

短短二百六十個字的《心經》，涵蓋了佛教從最基礎到最深湛的修持法門，而經中所談的「般若」、「空相」等觀念，常讓人有高深莫測的感覺，我們如何將它轉化為具體的生命經驗，在日常生活中起修行證？聖嚴法師認為，每個人的根器、因緣不同，修持「照見五蘊皆空法門」須先修觀，若無禪修基礎，不容易在生活中起觀。《心經》的修持雖然以實證無相空慧為目標，但無相仍須從有相開始，因此可從誦經、鈔經、拜經等方法入門，逐漸契入觀音菩薩修證的心髓。

誦經

《心經》幾乎是每個佛教徒都會背誦的一部經典，但誦經不只是將經文熟背，銘記在心，還要將內容要義當作一面鏡子，隨時在起心動念處，活用經義法門檢視自己的身心，與日常生活的行住坐臥合而爲一。例如遇到煩惱或困難時，觀「煩惱是什麼」、「困頓危險是什麼」，提醒自己這只是暫時的現象，一切現象依因緣而生，也將依因緣而滅，當下所要做的便是面對它、接受它。

若觀想尚無法著力時，可以持念「觀自在菩薩，行深般若波羅蜜多時，照見五蘊皆空，度一切苦厄」或者「照見五蘊皆空，度一切苦厄」，將這個句子當作咒語來誦持，以信心而念、而持，感受身心內在的定靜安和，這是以誦經爲修持的第一步。

鈔經

鈔經的目的，除了流通傳布經典、與更多人分享法義之外，最主要的是透過一遍遍地抄寫，加強記憶，並且轉化身心，讓自己的身、口、意三業在修持中，逐漸與經文要義相應。

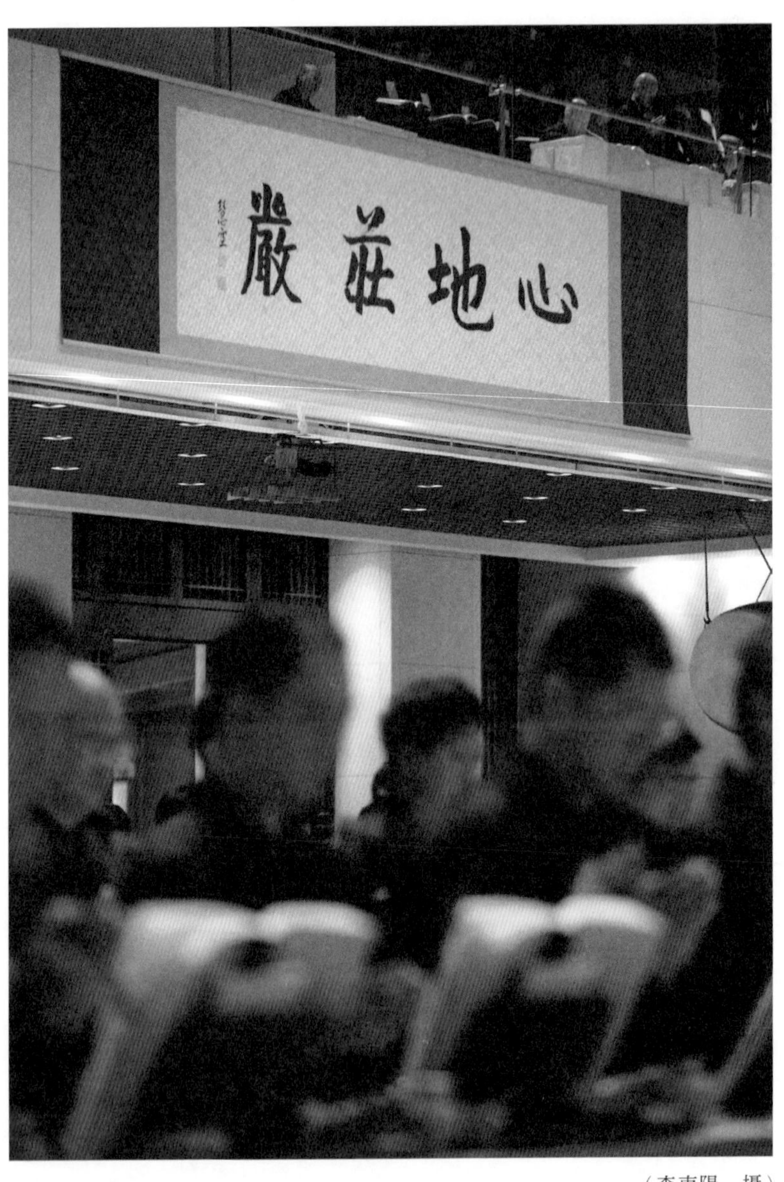

（李東陽　攝）

提筆鈔經前，應沐手焚香，並頂禮三拜，因為「見經即見法，見法即見佛」，因此鈔經時應生起恭敬心，專念一意，就像聽聞佛陀說法一般。這不僅可以調柔自心清靜，一筆一畫凝神專注，也是修習禪定的方法。攝心修定外，從鈔經中觀照心念、所緣的生住異滅，也是體證五蘊皆空的方法。

拜經

拜經的目的，不在理解經文的內容，而是透過一心稱念、禮拜整部經典，讓身心獲得安定。每一次禮拜，就如同禮拜了佛陀說法時，與會的一切諸佛菩薩、阿羅漢眾及護法龍天，因此拜經時不僅禮敬諸佛菩薩，也禮拜了整部經典的內容。至於禮拜《心經》的方法，每禮一拜，應先念拜經詞「南無般若波羅蜜多心經」和「南無般若會上佛菩薩」，再拜經文上的字，一字一拜。

無論誦持、鈔經或禮拜，皆是協助修行者收攝散心，繼而隨時能在生活中修觀、起觀——觀身、受、心、法的流轉變化，觀身心四大、五蘊的生滅和合，當了知一切因因緣而有，不執著有也不住於空，自我中心消除了，便是在實踐「照見五蘊皆空」法門，體證般若空慧了。

3

非讀不可的佛經

Question

26

《心經》說什麼？

說法緣起

闡揚大乘空義的《般若波羅蜜多心經》，可說是佛教經典中，文字最精鍊、流傳最廣泛、影響最深遠的一部經了。歷來所通行讀誦的版本，爲唐朝玄奘大師所譯，玄奘譯本省略序分及流通分，而直接以觀世音菩薩與舍利弗的對話做爲開頭，因此未能看出本經說法的時空背景。但若從廣本脈絡解讀，則可知本經說法地點在王舍城耆闍崛山（即靈鷲山），當時佛陀進入甚深的禪定，舍利弗便承佛威力，向觀世音菩薩請教如何修行「般若波羅蜜多」，才能證得無上正等正覺。

內容要義

只有短短二百六十字的《心經》，是六百卷《大般若經》的濃縮與精要，經中所闡揚的般若空義，更是大乘佛教的理論基礎。以天台宗分科判教的方式講解《心經》著稱的斌宗法師便曾說過，般若是發覺實相、解脫生死最佳的工具與方法，因此若要體證生命實相，非從《心經》著手不可。

《心經》以「照見五蘊皆空」爲修行總綱，說明衆生的煩惱根源於無明，如果能破除妄想執著，如實看待一切現象，對五蘊構成的我不起煩惱，也不執著於個別的五蘊現象，便能在空性中了知生命的意義，邁向成佛之道。

本經經文組織嚴密有序，分段闡述「空」的意義和層次：首先說明身心五蘊皆依著時空的因緣不停地變化、結合，以此破除我執，接著指出一切法也是因緣生因緣滅，最後跳脫空與有二元對立的框架，闡明一切法空。斌宗法師認爲，《心經》循序從世間有情的五蘊，一直到出世間的無智無得，層層破妄顯眞，總攝了大小三乘，讓不同根器的衆生皆能透過不同的教法，到達解脫的彼岸。

影響流傳

漢譯所有經典中，《心經》是民間流傳最深最廣，也是歷代高僧大德注疏、講解最多的一部經典，其重要性不言而喻。本經用字簡潔而意涵豐富，既有基本佛法概念（如四聖諦、六度、十二因緣等），也有畢竟空的智慧，可淺可深的特質契入不同衆生的根器，讓《心經》不僅可以做爲誦持、閱讀、研究的主體，也是生活實踐的依據。

（李東陽　攝）

Question

27 《金剛經》說什麼？

說法緣起

《金剛經》是佛陀在舍衛國的祇園精舍裡，經由解空第一的須菩提長老的請法而所說的法。經文一開始指出佛陀說法前，是先持缽進入舍衛城乞食，乞到食物才返回祇園精舍用飯；這段描述生活意味濃厚，可說是側面描繪出佛陀的日常生活。

內容要義

《金剛經》內容主要是闡釋般若智慧，就如同金剛一般堅固，能破除一切而不受任何影響，因此全名爲《金剛般若波羅蜜經》。印順長老就爲文指出《金剛經》的大義就是「金剛般若即無上遍正覺」。無上遍正覺是修行上的最高覺悟的境界，要達到這境界，就必得先將心降伏，從「般若無所住，無所住而生其心」開展出來。

「住」的意思是執著，心裡有罣礙，「無所住而生其心」就是袪除執著，特別是對「我」的執著，進而做到心中沒有主觀的存在，也沒有客觀的事物。

此外《金剛經》也非常重視布施、持戒等實修功課。布施、持戒、忍辱，就是菩薩道對現實社會的積極關懷。經文提到布施又以法布施功德最大，經文多次指出受持讀誦《金剛經》而廣爲他人演說、布施，功德是無法比擬。不過聖嚴法師認爲經中主張的布施是不爲任何目的、不求功德回饋的「爲布施而布施」，仍是強調破除執著，以般若智慧爲指導的布施。

流傳影響

儘管禪宗主張「不立文字」，但祖師大德多以《金剛經》做爲修行、禪法依據。六祖惠能未出家之前，就是聽到有人誦讀《金剛經》的「應無所住，而生其心」，當下若有所悟而決定出家求道。後來到了湖北黃梅見過五祖弘忍，半年之後，聽五祖講《金剛經》，再聽到這句話而豁然大悟。

《金剛經》不但受到漢傳佛教普遍和長久的重視，其簡練優美的文字，富有超越及空靈的哲理，可說《金剛經》是除了簡短的《心經》之外，最能深入中國文化環境的佛經了。

（許朝益　攝）

Question

28

《法華經》說什麼？

說法緣起

《法華經》是佛陀住世最後八年所說的法；當時佛剛講完《無量義經》進入禪定並放大光明，文殊菩薩見狀便告訴與會大眾，佛將宣說大乘法華之義，於是首座弟子舍利弗，一如往常代大眾請法，但佛陀卻拒絕了，因爲大乘佛法是第一稀有難解之法，一般凡夫無法受持。後來經舍利弗再三請求後，佛陀才決定宣講，但隨即有五千名僧俗弟子禮佛而退，弟子離席不僅印證佛陀遲遲不說法的箇中原因，也可見本經的微妙難解。

內容要義

《法華經》共有二十八品六萬餘字，主旨在闡述佛出現世間的主要原因，就是要讓一切衆生，不論聲聞、緣覺和菩薩，都能明瞭通達佛陀的知見，以成佛爲目標。法華會上，佛陀也爲與會大衆授記：只要聽聞受持《法華經》，不論男女、品行，甚至異類衆生，都已種下成佛的善因。

除了傳統的序、正宗、流通三分釋經的方式，《法華經》還可從迹門、本門來解讀。聖嚴法師曾譬喻「迹門」就像腳印，是爲了表現佛法究竟義的方便設施，「本門」才是雙腳。因爲衆生根器有大有小，所以本經一至十四品，先用種種方便譬喻接引初機的人，而十五至二十八品爲本門，揭示佛陀的出世也是一種方便化現，他早在無量劫以前成佛，從未涅槃也不會涅槃，再次強調一切佛法，只有一味，就是眞如味；只有一相，就是實相。

越南一行禪師因而指出，《法華經》包容整合聲聞、緣覺、菩薩三乘，而歸向唯一佛乘，就像海納百川，開啓佛教「迴小向大」的門徑，奠定了本經「經中之王」的地位。而經中列舉觀音、普賢、常不輕等菩薩的故事，則提供讀者修學實踐的典範。

流傳影響

本經不棄三乘而讚一乘，肯定每個人都是未來佛、廣攝有情，而著名的「法華七喻」精彩貼切，加上散文、偈頌穿插其中，讀來就像章回小說，深受民間的喜愛。

《法華經》在印度大乘時期即受中觀與唯識學派的重視，傳入中國後，更成爲天台宗立宗宗旨，三論宗及法相宗的大師亦有多種《法華經》論疏，影響非常廣大而深遠。隨著傳播地域、民族文化的差異，對《法華經》內容的輕重取捨，也衍生不同的修持法門，如其中〈普門品〉成爲中國觀音信仰的基礎。

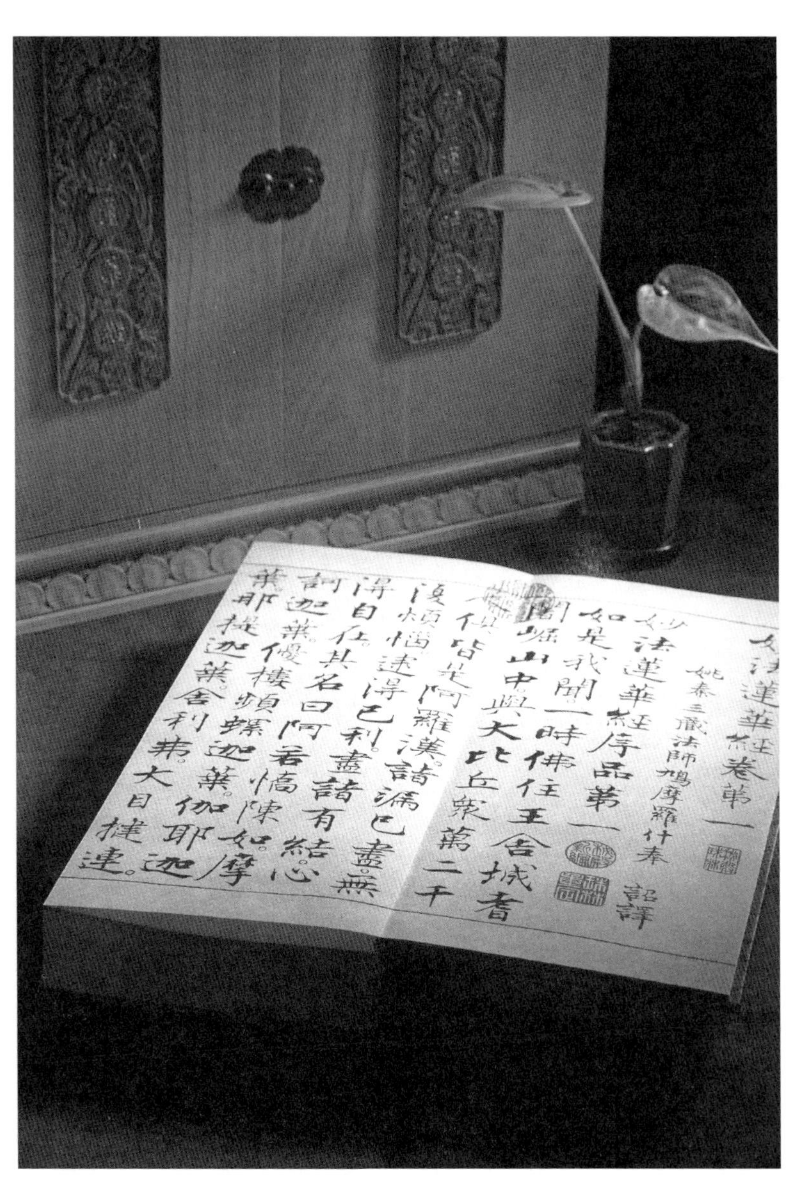
妙法蓮華經卷第一
姚秦三藏法師鳩摩羅什奉 詔譯
妙法蓮華經序品第一
如是我聞。一時佛住王舍城耆
闍崛山中。與大比丘眾萬二千
人俱。皆是阿羅漢。諸漏已盡。無
復煩惱。逮得己利。盡諸有結。心
得自在。其名曰阿若憍陳如。摩
訶迦葉。優樓頻螺迦葉。伽耶迦
葉。那提迦葉。舍利弗。大目揵連。

（李東陽 攝）

〈普門品〉說什麼？

說法因緣

〈普門品〉是由無盡意菩薩向佛陀請示觀音菩薩的名字由來，以及觀音菩薩如何遊化娑婆世界爲眾生說法。除了說法的佛陀、問法的無盡意菩薩、被讚歎的觀音菩薩，文中還出現一位菩薩，就是結讚觀音菩薩功德的持地菩薩。

內容要義

〈普門品〉是《法華經》第二十五品，因受到大眾普遍的重視、流通和讀誦，又以《觀音菩薩經》爲名單行成冊。經文說明觀音菩薩爲了救度眾生而做普門示現，上自佛身，下至人、非人等，顯現三十三種不同的身分。強調只要有信心，一心持誦觀音菩薩，一切困難災厄，都能免除。此外經典也強調觀音菩薩的感應道交，透過禮拜觀音菩薩，可獲得圓滿智慧之男、端正有相之女。這種只要持誦聖號就能獲得實際利益，是最平等、最民主的修行法門之一，因此普遍受到大衆的歡迎。

儘管〈普門品〉經文簡易，在內容上也符合一般大衆對世間利益的願求，但聖嚴法師認爲，〈普門品〉正是爲了接引一些信心不足，行爲、心靈偏差，而處於煩惱和痛苦中的人。一旦對觀音菩薩「起信」，相信菩薩的救拔力量，自然也會向內凝聚起自我的信心，進而學菩薩、做菩薩，像菩薩的化身一般廣濟有情。

流傳影響

〈普門品〉的修持方法簡便，經文指出一心稱念觀音菩薩名號，不論男女老幼，在任何時地，都可修行，比起誦經還要容易，是最普遍及最受初學佛者所信受奉行的法門。其次是觀音信仰靈驗，只要念一聲菩薩聖號，便能有求必應，而受解脫，因此不論是否是佛教徒，都非常喜愛。

歷代有關於觀音菩薩靈感的例子，可說是不勝枚舉，這多半就是受到〈普門品〉的影響。其中經文提到觀音菩薩「即現婦女身而為說法」，也促進了華人地區觀音菩薩由男身轉變為女身的造像藝術。這無疑堅固、豐富了漢傳佛教的觀音信仰及藝術文化，使得觀音菩薩成為漢傳佛教中人氣最高的菩薩。

Question 30

《阿彌陀經》說什麼？

說法因緣

《阿彌陀經》是佛陀在舍衛國的祇園精舍所說的法，是少數非由佛陀弟子提問，而由佛陀不問自說的經典，是佛陀主動向最有智慧的弟子舍利弗說法，顯示出佛陀慈悲濟世的迫切。

內容要義

《阿彌陀經》於前半段宣說阿彌陀佛佛號由來與意義，以及西方極樂世界的種種莊嚴。經文後段則闡明、勸導眾生誦念阿彌陀佛之名號以往生西方極樂世界；經文最後以六方諸佛勸導眾生相信阿彌陀佛及其極樂世界做爲結束。

（鄧博仁　攝）

《阿彌陀經》的根本要旨是藉由持誦「阿彌陀佛」，達成「一心不亂」的目的，即得往生彼國，因此修持《阿彌陀經》，最要緊的是信心、敬心、決心、恆心不斷，每日定時定數地修持下去，平心靜氣地修持下去，必然會有成效的。

儘管所提倡的念佛法門易學，但是近代淨土宗第十三祖的印光大師，以及其俗家弟子李炳南居士都認爲，修行不但要持誦佛號，更要深入了解《阿彌陀經》的要義。印光大師一生推崇明代蕅益大師的《佛說阿彌陀經要解》，更以「日用不知，習矣不察」來提醒世人對《阿彌陀經》要有正知正見，方能明白佛法因果業報、生死輪迴的道理，這才是求生西方，最究竟安穩之法。

流傳影響

《阿彌陀經》爲淨土三經之一，與其他兩經《觀無量壽經》、《無量壽經》的普遍流傳，帶動淨土宗的創立。由於所提倡的念佛法門易學，使得念佛一時之間蔚爲風氣。原本念佛只是被視爲修行的方式之一，經過東晉慧遠大師、唐代善導大師的不斷弘揚，成爲漢傳佛教的八宗之一。

淨土三經雖流傳在中國，但宋代以後就單獨把《阿彌陀經》列入晚課必誦的功課。由此可見其重要性，蕅益大師認爲《阿彌陀經》的念佛法門，不但是修行的方法，同時從念佛中也能認識佛法眞理，得無上殊勝功德。

Question

31

《地藏經》說什麼？

說法緣起

素有佛門「孝經」之稱的《地藏經》，是佛陀在忉利天宮所說，也是唯一一次聽法大眾涵蓋十方三世一切諸佛與菩薩。由於佛母摩耶夫人在佛陀出生七日後去世，生往三十三天，因此佛陀在涅槃之前，特地升天為母親說法。佛陀報母恩盡孝道的舉動，與地藏菩薩的慈心孝行相應，因此感得地藏菩薩前來聽法，佛陀便藉此向聽法大眾介紹並讚揚地藏菩薩，長久以來在娑婆世界救苦度眾的因緣。

內容要義

《地藏經》共有三卷十三品，上卷陳述地藏菩薩過去生為婆羅門女和光目女時，為了救拔母親而生起廣度一切眾生的菩提悲願；中卷透過與會大眾的提問，地藏菩薩逐一列舉地獄名號、因果業報關係，並說明持誦本經如何利益生者和亡者；下卷則強調布施迴向、修持《地藏經》的種種好處與功德，鼓勵大眾流傳本經。

竺摩長老認為，「眾生度盡方證菩提，地獄未空誓不成佛」是地藏菩薩最為殊勝之處，尤其本經以孝親為起點，鼓勵眾人將救度親人的願心擴大到一切眾生，這種「度人重於自度」的思維正是大乘行者的修行典範。本經的另一個特色則是闡明因果規律，從業感緣起指出，一切惡業善果都肇因於自己的起心動念、言語造作，藉此讓人深信三世因果，繼而修持五戒十善，弘一大師也因而肯定《地藏經》是修持淨業的增上善因。

流傳影響

《地藏經》用字淺白易懂，因果業報和功德迴向的思想，不僅契合一切眾生的根器，孝親思想更與中國儒家慎終追遠、以孝齊家的主張不謀而合，因此傳入中國

（江思賢　攝）

後即在民間廣為流傳。而不同法門的祖師大德，如淨土宗印光大師、律宗弘一大師等人，也鼓勵以《地藏經》為助行，尤其弘一大師剛出家時，在上海聽靜權老法師講《地藏經》，聽到光目女發願救母度眾時，不禁嚎啕大哭，之後每年母難日、母親忌日，大師也一定誦念《地藏經》迴向母親離苦得樂。本經的普及與影響力可見一斑。

Question

32

《藥師經》說什麼？

說法緣起

《藥師經》是佛陀遊化恆河一帶，在廣嚴城外的樂音樹下所說的法，經文以慈悲救濟爲主要內容，而請法者卻是以智慧見長的文殊菩薩，暗示著慈悲需從智慧中流出，有智慧觀照的慈悲，才是眞正的慈悲。當時聽法者有大比丘、大菩薩及天龍八部、非人等無量大衆，意味著藥師法門，是適合各種不同身分階級所需。

內容要義

《藥師經》講的是藥師佛在過去世行菩薩道時，曾發的十二大願，每一個大願都是在爲衆生解除疾苦，使衆生具足善根，學習佛法，進而離苦解脫。因此，很多人相信修學藥師法門不僅可以治療身體上的疾病，同時還可以對治因爲貪欲所導致的心理疾病，例如菸癮、酒癮等。

事實上，藥師佛的十二大願不僅局限於「消災延壽」，其他的大願中還包括免於對任何人、種族的偏見與壓迫；免於衝突戰爭及各種貧窮所導致的傷害。透過十二大願的詳細描述，是能讓人了解業力的因果原理，進而對佛法修持提起信心。弘一大師就歸納出《藥師經》有「維持世法、輔助戒律、決定生西、速得成佛」等四大利益。大師認爲藥師如來之十二大願，皆不出於四弘誓願、四聖諦，除了帶來富貴、衣食無缺、無病纏身等世間利益，經文中描述了藥師淨土種種清淨梵行，如能依法行踐修持，便能懺悔罪障，爲現世累積資糧，爲來世往生極樂淨土帶來幫助。

影響流傳

《藥師經》廣泛受到民間的崇信，一般民衆相信藥師佛有如醫王一樣，能應病

（法鼓文化資料照片）

給藥、消災延壽。因此，藥師佛的信仰從古至今一直盛行，直到現在寺廟的早晚課誦還要念誦「南無消災延壽藥師佛」。

除了民間崇信，每當社會動盪不安時，歷代祖師大德就會開講《藥師經》。太虛大師就曾在西元一九三四年講《藥師經》，當時世局混亂，大師期以經文安住人心，啓發人心之愛。印順長老也在西元一九五四年秋天，於善導寺講《藥師經》，爲苦難人間祈求平安。

Question

33

《維摩詰經》說什麼？

說法緣起

《維摩詰經》是佛陀在毘舍離城附近的菴羅樹園所講，聽法大眾包括諸大菩薩、天龍八部及僧俗四眾等四萬餘人。當時一位名叫寶積的長者子，帶了五百位長者子與會，特地請佛陀為他們開示如何修習並成就菩薩淨土；佛陀揭示「心淨則佛土淨」的基本思想後，藉著毘舍離城另一位居士維摩詰生病的因緣，宣講大乘菩薩出世入世不二的義理。

內容要義

《維摩詰經》共有三卷十四品，上卷由寶積長者請法揭開序幕後，介紹維摩詰運用種種方便法門攝化不同階層，讓普羅大眾都能了解佛法大意，而佛陀弟子及彌勒等菩薩自述與維摩詰的互動經過，凸顯維摩詰洞悉諸法實相的智慧辯才。中卷以維摩詰生病爲緣起，文殊菩薩代佛陀前往探視，在一問一答間深入空義，並論及如何觀察衆生現象、通達佛道、入不二法門等大乘修持心要。最後則透過香積、阿閦佛國諸菩薩的化現，開闡大乘菩薩不住世間也不離世間、隨順所緣的慈悲與智慧。

本經主角維摩詰居士，爲了度化衆生而出入世間，甚至淫舍酒肆，卻又能不染著，這正說明了「佛法在世間，不離世間覺」，鼓勵菩薩行者應深入衆生群中，以衆生爲佛土。而本經提出「唯心淨土」，肯定以清淨智慧的心看待現實世界，更進一步指出，所謂的衆生與佛、穢土與淨土、煩惱和智慧並非二元對立，而是超越一和二的不二法門。

流傳影響

《維摩詰經》雖然經義深奧，但辭藻簡練優美，尤其運用對話和戲劇的表現手法，如文殊問疾、天女散花等「戲碼」，讀來備感親切，歷來即深受普羅大衆歡迎，民初胡適更評注本經爲一部「半小說體、半戲劇體」的作品。

本經傳入中土後，透過許多高僧大德的注疏、講解，對中國文化及漢傳佛教的影響極爲深遠，尤其「唯心淨土」、「煩惱即菩提」、「芥子納須彌」等論述，在禪宗、天台、華嚴各宗的法要中皆有脈絡可循，而家喻戶曉的「不二法門」、「出淤泥而不染」、「香積天廚」等詞彙也出自《維摩詰經》，足見本經的重要性與影響力。

Question

34

《華嚴經》說什麼？

說法緣起

《華嚴經》是釋尊成道之後，首先宣說的經典，在最初成道的二十一天內，於菩提樹下為大菩薩所講演。在《華嚴經》裡，則有「七處九會」之說，是佛陀經過九次法會才講完；裡面不但有佛陀說法，像普賢、文殊等大菩薩也輪流說法。

內容要義

《華嚴經》是部帙龐大的經典，包含般若、如來藏、唯識等成分的經典，其組織架構非常謹嚴，是依照信、解、行、證的先後次第。一開始的〈世主妙嚴品〉，講說法身佛毘盧遮那的因緣法門，是起「信」；接下來屬於十信法門的〈信行品〉、十地法門的〈十地品〉等則是生「解」；第八會的〈離世間品〉，是實

「行」；而一般人所熟知的〈入法界品〉，透過普賢菩薩的大願及善財童子五十三參的故事，是來實「證」。

整部經的內容，都圍繞著佛心、衆生心的主題，說明「心、佛及衆生，是三無差別」，因此學者多認爲《華嚴經》是「三界所有，皆由於心」的唯心論思想，強調由心的染淨，便能造成法界（宇宙萬物）的改變，而這也是「法界緣起」的概念，在每一衆生的心中，反映了全法界的共通性。

閱讀《華嚴經》需要有豐富的想像力，如果仍然執著現實的時空限制，仍認爲一粒沙就是一粒沙，很難體會經中所呈現的「事事無礙」境界。

影響流傳

傳統佛教對《華嚴經》非常重視，唐朝時，對《華嚴經》的研究空前地興盛，經杜順、智儼、賢首等大師的宣說和傳播而發揚光大。其所創立的華嚴宗，也成爲漢地八大宗派之一，綿延至今。

除了廣受高僧大德喜愛，由於《華嚴經》的內容豐富，妙喻橫生，具有濃厚的文學性，近代國學大師如梁啓超、胡適都當成是曠古少見的想像文學。其中〈入法界品〉，寫善財童子遊歷天下尋找善知識，宛如一部長篇小說，在文學、戲曲的推波助瀾下，成爲膾炙人口的故事。

（江思賢　攝）

Question

35

《六祖壇經》說什麼？

說法緣起

《六祖壇經》是禪宗六祖惠能大師的言行錄。緣起於惠能大師駐錫寶林寺時，受韶州刺史韋璩及地方官員、文人的邀請，到大梵寺開示「摩訶般若波羅蜜法」，由弟子法海記錄。之後法海陸續集錄六祖的開示，以及和弟子間的重要問答，形成今日所見的文本。

一般而言，佛教典籍中，只有佛所說的法才能稱爲「經」，《壇經》是唯一例外；以一個中國僧人的言行立說爲經，並廣爲大衆所接受，足見本經的價值與重要性。

內容要義

《壇經》共有十品，可分作五個部分：第一品介紹大師得法、修學的經過；第二部分（二至三品）主講人人本具般若智慧，只因爲迷悟不同而有愚智的差別；第三部分（四至五品）六祖提出參禪的總綱，強調定慧不二，確立無念、無相、無住的修證要領；第四部分（六至九品）說明無相懺、皈依自性三寶的重要，並與法海、法達、懷讓、神會等求道者機鋒應對；最後部分是圓寂前交代弟子，運用「對法」不住兩邊，才能不失宗門要旨。

「人人本具佛性」是《壇經》的思想基礎，而「一行三昧」、「無相、無念、無住」則是見性成佛的修證指南。惠能在聽完五祖弘忍說《金剛經》後，體悟一切萬法不離自我本性，而自性本來清淨，只不過被無明煩惱所覆蓋住了，於是打破傳統漸修法門，依《金剛經》「無住生心」的觀念提出，明心見性最直接有效的方法就是「一行三昧」——於一切法沒有執著，以無我的智慧心來面對，便是達到無念、無相、無住的境地，也就見到清淨無染的自性了。

流傳影響

中國禪宗傳至六祖惠能，一花開五葉，曾發展出溈仰、臨濟、曹洞、雲門、法眼五家宗派，而《壇經》文字簡潔、義理豐厚，不僅是六祖開宗傳法的重要文獻，經中許多觀念對中國禪宗，甚至整體漢傳佛教皆有深遠的影響。

六祖打破傳統「由定發慧」的次第禪觀，宣說「即定即慧」的頓悟法門，並提出坐禪不在「身體不動」，而是面對一切順逆善惡都能「心念不起」，因此只要在行住坐臥中常行一直心，便能明心見性，開啓了「道在平常日用中」的契機。

4

讀經讀得經經有味

Question

36

佛經義理和一般知識有何不同？

佛學是一門研究佛教的學問，有很多學者專門從事這方面的研究，譬如說佛教的藝術、文學、哲學、歷史、文化等，這些都是在佛教的流傳過程之中，所產生的豐碩成果，之後變成人類文化的遺產，但是佛學並不等於是佛法的智慧。

佛經可以從文學、哲學的角度去看，也可以從信仰、宗教的角度去看，不論從哪一個角度，所得到的訊息都是世間的智慧，因爲這是通過文字、語言所做的表面上理解，並不代表清楚佛法所蘊含的眞義，因此學者也許可以背得出許多經典，可以寫出很多專論與專書，但那只能夠做爲一個參考，因爲這種理解只是知識、學問，並不能化解煩惱。

讀經不能只是理解知識

佛所開示的演說與經典，都是從佛的智慧之中流露出來的。先以廣大的悲心、合理的戒行爲基礎，再修習禪定。從禪定而生智慧，從智慧而歸納出教理、教義，這是一個不變的原則；也就是說，經由禪定的修行才能夠產生智慧的作用和功能，然後以語言文字加以表達，就變成一種修行的理論與方法，也就是佛教的教理、教義。

這些佛教的教理、教義產生以後，人們進一步深入研究，漸漸地就變成一種學問，可是佛法的目的不僅僅是一種學問，不僅僅止於理解而已，光是理解沒有辦法得到智慧。只能停留在知識、學問的層面，永遠無法體會到佛法眞正的智慧是什麼，佛法是要親自去實踐、體會，才能受益。佛經教我們怎麼做，我們就要照著去做，自然漸漸有所體會。

無漏的智慧

世間的學問是有漏的智慧，佛經的智慧則是無漏的智慧。所謂的「有漏」與「無漏」，是指有煩惱與無煩惱。無漏的智慧就是沒有自我欲望、沒有自我執著的內在智慧，但是如果不親自實踐，只是以理解的態度來看佛經的話，所得到的仍只是世間的知識，而非無漏的智慧。

因此，讀經要用體驗的態度、實踐的方式，才能夠得到無漏的智慧，但離開經典，就得不到方法，所以還是必須先從經典中建立佛法知見並學會修行方法，才能實踐佛法。這就像是要去一個從未去過的遙遠地方，要先有一張地圖，由地圖上看清方位，確定路線，才不會迷路。雖然地圖只是一張紙而已，並不等於目的地，但是依據地圖所提供的方向和路線，可以幫助我們抵達目的地，也就是成佛的智慧。

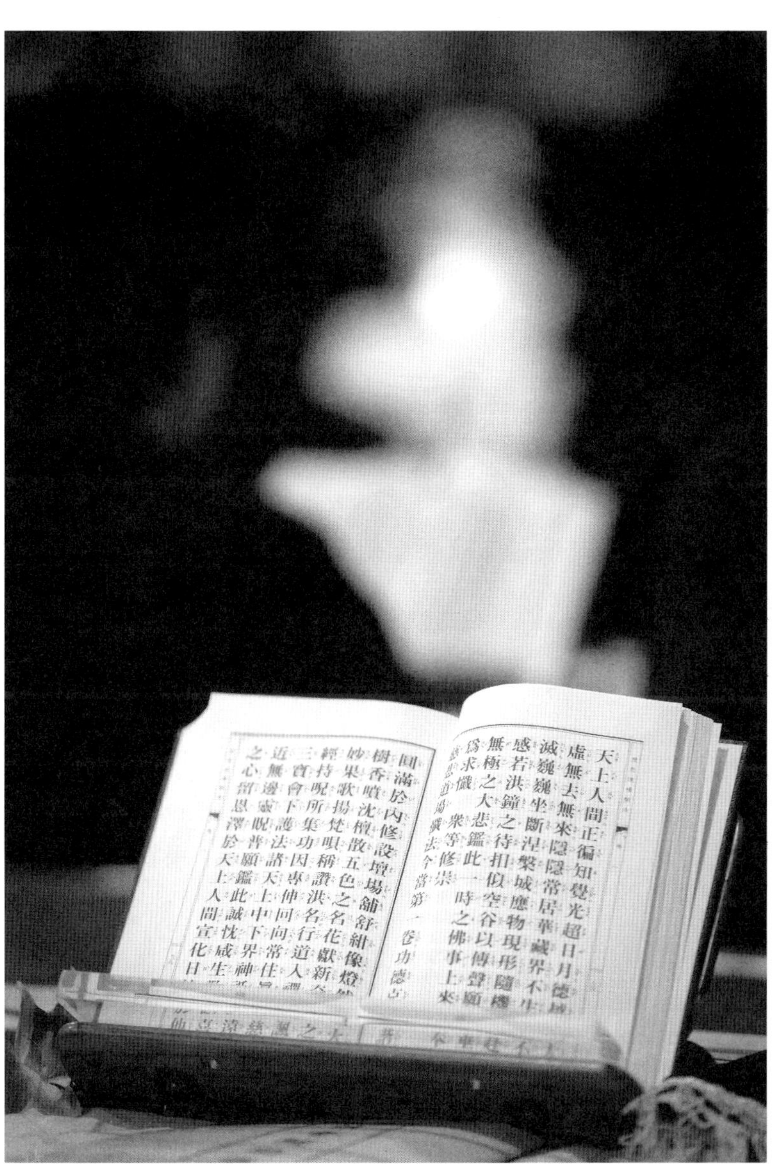
天上人間正徧知覺光超日月
虛無去無來隱隱常居華藏界不生
滅巍巍坐斷涅槃城應物現形隨機
感若洪鐘之待扣似空谷以傳聲願
無極之大悲鑑此一時之佛事上來
圓滿於內修設壇場舖舒紺像
樹香噴沈檀散五色之名花獻新
妙果歌揚梵唄稱讚洪名行道人

（許朝益　攝）

Question

37 讀錯佛經會下地獄嗎？

佛教的經典非常多，由於最早是由佛陀的弟子以口傳的方式留傳，不能保證沒有錯誤，而在翻譯與抄寫時，也不可能完全無誤，所以有的人在讀經時，會擔心會不會因為讀錯字，所以得不到誦經的功德？甚至會不會誤讀偽經而下地獄？

不違背佛法的根本原則

佛經大部分都是由佛說法，但也有由弟子或菩薩說法，甚至有鬼神代表佛說。佛經既然名為佛經，不管是誰說的，不管是不是從印度傳來，或是由誰翻譯的，只要所講的道理不違背佛法的根本原則，就是佛說，就是佛經。而且只要佛經已經為人們普遍流傳，就表示讀誦這部經一定是有用的。

以《心經》為例，漢文《心經》現存的有六種翻譯本，前後次第都不大一樣，到底讀哪個版本比較有用呢？甚至西藏人、日本人、韓國人、美國人用不同語言所讀的《心經》，發音雖不一樣，但都是誦念《心經》，究竟誰念的比較靈驗，誰念的比較不準呢？其實只要相信都是佛說的，不需要去計較到底該怎麼念才最正確。只要相信念誦佛經對自己一定有用，這就夠了。

誦經一定有功德

中國民間有所謂「錯經如錯骨」的傳說，意思是如果念錯了經文，就像骨頭接錯了一樣糟糕，這個觀念使得許多人不敢讀經、誦經，害怕不小心讀到僞經，或誦經時念錯了字、念漏了字，會罪無可赦下地獄。其實只要不是故意念錯字，就沒有問題。誦經時，如果是無意念錯字，或不知道字的發音與意思，都沒有關係，繼續照樣地念即可。如果還是不安心，可以在誦完經後，加念〈補闕眞言〉。

例如有人說《藥師經》、《地藏經》是僞經，認爲印度梵文沒有這兩部經。但是很多人誦得很有感應，不論是超度亡者或超度祖先，誦念《地藏經》都非常有用。因爲經中的佛菩薩名號是眞的，經中的佛教觀念是對的，那對我們來說，就是有用的，至於在印度有沒有找到經典根據，又有什麼關係呢？因此，誦經要有信心，不要懷疑，誦經一定有功德的。

Question

38 讀經可以消業障嗎？

有些人讀經是因爲相信多念誦經典，可以幫助自己消災解厄，念得愈多，業障就消得愈多。

消除業障

其實「消業」的意思，是從此以後自己不再造新業，「隨緣消舊業，更不造新殃」。雖說是結束舊業，不再造新業，但並非指過去所造的業就消失了，從此以後不用再接受果報，而是不管什麼樣的果報都要面對，受報時知道這是過去所造的惡業，在現在所感出的結果，所以要接受它。

但只是接受還不夠，進一步還要放下自我才能得解脫。自我中心與對於自我的執著是一切苦的原因、苦的根本，所以不善的要放下，善的也要放下，壞的要放下，好的也要放下，全部都要一起放下，如此才能得到究竟解脫，所以只想消除惡業，而不想消融自我，這樣的修行並不究竟。

轉變心念

所謂的誦經能消業，並非指一誦經，惡業就一筆勾銷了，而是因爲誦經能讓人轉變心念，改變自己的念頭和言行，所以能消業去惡向善，從「有我」轉化成「無我」，用這種方法誦念經典，不但可以幫助我們消災去業，還可以開發智慧。如果誤以爲造了惡業只要誦誦經就沒事，那是不可能的事，是一種迷信。誦經最主要的功能在於轉變我們的心念。

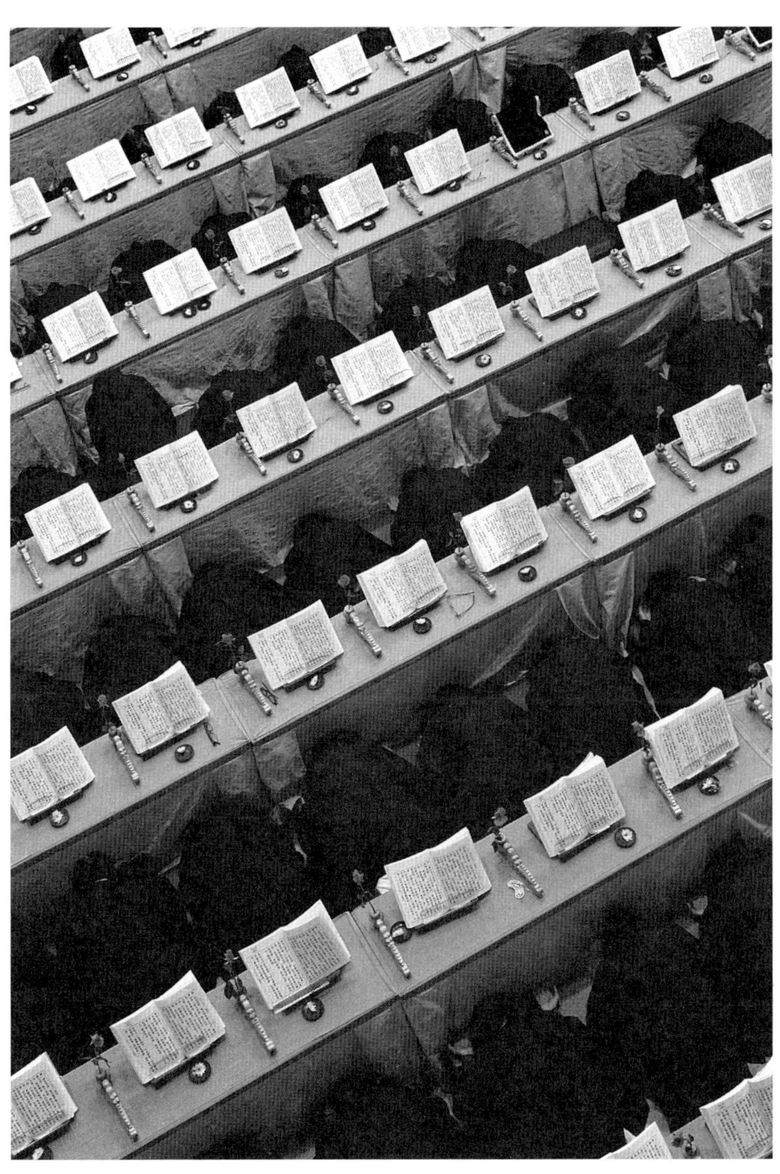

（江思賢　攝）

Question

39 讀經可以降妖除魔嗎？

中國民間常認爲誦念佛經可以降魔、降鬼，尤其以念《心經》、《金剛經》最爲有效。通常所謂的鬼，指的是心外的鬼，像是人死了以後成爲鬼，或是凶死的人成爲凶鬼。正常人對於這些心外之鬼，大多非常害怕。但就佛法來看，心外的鬼並不可怕，心裡的鬼反而比較可怕。

祛除內心的鬼

一般人可能會認爲，心裡的鬼有什麼好怕？因爲他們不知道心裡有鬼，也不知道內心有魔。所以走夜路怕鬼，一個人住也怕鬼，事實上，這些都是內心有鬼，使得外鬼、外魔有著力點。

《心經》與《金剛經》都是教人心要坦蕩，無所執著。如果心中沒有煩惱事，那麼心外的鬼怪是不會存在的，更不可能害人。念《心經》、《金剛經》能夠驅鬼，就是因爲可以袪除我們心中的鬼、心中的魔。

念經給外國鬼有用嗎？如果碰到外國鬼，念經有用嗎？他聽得懂中文嗎？

這個問題不用擔心。第一，鬼不是用眼耳聽讀佛經，而是用識神去接受你所持誦的經。第二，因爲你相信佛經對鬼有用，所以外國鬼如果聽不懂你的意思，也能夠感受到你的心念。

相信心的力量

經中有許多的護法神都說，凡是誦經的地方都會去保護，凡是誦經的人都讓他有求必應。因此通過護法神的力量，可以使得外國鬼聽懂經文；而且可以從心的力量，感受到佛法的功能。

此外，在誦經的時候，一方面可以集中精神，不胡思亂想；一方面也可以增強心念，這樣對鬼也就不會懼怕了。

Question

40 誦經能超度亡者嗎？

《梵網經》提到，如果父母、兄弟、和尙、阿闍梨滅亡之日，及三七日、乃至七七日，亦應讀誦、解說大乘經律。能夠使得死者及無形的衆生同霑法益，發菩提心，將來共成佛道。

誦經可以超度剛死亡的亡靈，同樣也可以追薦亡故已久的死者，只是力量小得多。因爲死者可能早已轉世了，不能來聽經，但是替他誦經做佛事，幫他結其他衆生的善緣，仍是不無助益。有兩個觀念要留意：第一，我們自己平常就要常常聽經聞法，自求多福。不要等到死後才由別人來代勞。第二，經上說「三七日或七七日」，指的是從臨終之日算起至二十一天或四十九天內，要盡快替死者做布施、設供、誦經、念佛號等的佛事，而不是要你等到那時才做。

Question

41 讀經能改變人生嗎？

讀經不只是求功德

讀經是「聞、思、修」的第一步「聞」，誦讀佛經之外，還需要了解經義，熏聞正確的知見，學習諸佛菩薩德行，進一步修正自己的行爲。否則就會像聖嚴法師所說：「如果不能由於讀經而放下散心入於定境，或藉懇切的虔誠而感應神靈，那他除了熏習作用的一點所謂功德之外，並無多大的意義。」

法師在《金剛經講記》中指出，讀經會出現兩種現象，第一種是從語言文字的表面去理解，望文生義，卻不一定是佛經的眞正意思；第二種則是以自己對人生的體驗，以及對佛法的修行來通達、識透文字的內涵，根據實際經驗、證悟層次不同，而有不同的體認。

（李東陽　攝）

例如有些科學家在研讀佛經後，會覺得經文的語法與排列方式，很像方程式般邏輯分明，而產生更進一步去了解佛經的強烈意圖，而在了解佛經所講述的空義後，更折服於佛陀的智慧，從此喜歡讀經的滋味，對佛法深信不疑。

讀經對生命的啟發

許多寺院道場除了成人讀經班，也紛紛成立兒童讀經班，形成一股讀經風氣。讓孩子從小讀經，能提高學習力，培養專注力，養成穩定的心性。最重要的是，可以培養健全的人格，學習智慧心與慈悲心。

打開一部佛經，在經題、經文之前，一定會有〈開經偈〉：「無上甚深微妙法，百千萬劫難遭遇；我今見聞得受持，願解如來眞實義。」擁有難得的人身，又生於佛法資源如此豐富的時代，能聽聞佛法、讀經並修持，是一件多麼有福報的事。就讓我們一起來讀經，領受佛陀的教法！

Question

42

佛經如何談心？

佛陀爲什麼會帶給我們這麼多的經典和佛法？這是因爲他希望衆生都能斷除煩惱、解脫自在，而衆生煩惱的癥結全在於自己的心。心清淨了，就能安樂自在，了達這個心本來清淨，便能永遠地安樂自在。而衆生的心都是相同的。

所謂相同並不是說想法相同，而是心的本質相同、作用相同，以及衆生所引生的煩惱相同。人在任何一個生活環境中都有它的衝擊、矛盾和困難，如果一直從負面想法看待困難，會一直被困難困住；如果能由正面想法重新看待與面對，或是分析它、處理它，就能化解困難了。佛在這裡得到智慧，再指導我們如何從心得到解脫。

身心合一

所謂「人身難得」，我們如果離開了身體就沒辦法修行，修行還是要透過身體來修的，用心來駕馭身體。但是一般人不會修行，不知道如何用心來駕馭身體，也不知道用身體來鍊心，所以苦惱不斷。這兩者是互相矛盾，也彼此相輔相成的，需要身心合一，才能安身、安心。當我們產生矛盾時就會困擾和痛苦，而當身心統一，身心可以相輔相成的時候，心就能自在或解脫了，這就是《心經》裡面講的心。

這個道理好像不容易了解，其實注意一下我們的心，時時刻刻都是不離身體，不離環境的。就連做夢的時候，好像只有心在動，念頭在動，其實做夢的時候，夢境中是有符號的。所謂符號就是夢境裡面所見到的人、所遇的情境、聽到的聲音、感覺到的冷暖，這些都是物質的符號。所以做夢純粹是心的活動嗎？不是的，沒有物質爲緣就不可能有心，不可能有夢。

心無罣礙

如果體證了空性就叫作無心，就是《心經》裡面講的「無智亦無得」，以及「心無罣礙」。所謂「心無罣礙」，就是心中不再有任何執著。心中不再有任何執著，也就沒有所謂的智慧不智慧，既沒有得到什麼東西，也沒有失去什麼東西。因此就沒有煩惱，沒有痛苦，超越了虛無和實在。不論存在或是虛無，心裡根本不介意，一切現象如常，但是已不再是問題，這個叫超越，叫無心。

所謂「無心道人」，就是解脫的人，眞正得到解脫的人，才是眞正的自由自在。

（鄧博仁　攝）

Question

43 爲何說「開悟的《楞嚴》，成佛的《法華》」？

佛教有所謂「開悟的《楞嚴》，成佛的《法華》」這樣的說法，這是不是指讀了《楞嚴經》就能開悟，念了《法華經》就能成佛呢？

這不一定，因爲很多人不但讀過《楞嚴經》與《法華經》，甚至還專程聽課，可是聽過許多堂課，卻仍然沒有開悟的消息。雖然讀《楞嚴經》，不一定能馬上開悟，但至少能夠讓人減少一些執著和煩惱，雖然聽《法華經》也不一定能一聽成佛，卻也能讓我們踏上成佛的第一步。

但是「開悟的《楞嚴》，成佛的《法華》」這兩句話，爲什麼會流傳開來呢？

開悟的《楞嚴》

因為《楞嚴經》是釋迦牟尼佛對阿難尊者所講，雖然阿難尊者以多聞見稱，聽了很多佛陀所說的法，可是始終沒有證得阿羅漢果，因此釋尊希望他聽了《楞嚴經》以後開悟，可是他並沒有因為聽《楞嚴經》而開悟，而是在釋迦牟尼佛涅槃以後，自己放下了所有一切依賴心才開悟，得證阿羅漢果。

《楞嚴經》雖然未必能使人開悟，但是經裡最重要的部分，是二十五位大菩薩的修行開悟經驗。介紹二十五位大菩薩是用什麼法門開悟的，每一位菩薩的法門都不同，開悟之後他們的層次都相同，就像是有二十五個人從不同的門，進到同一個屋子裡。雖然進去的門不一樣，但都到了同一間房子裡。所以佛法開悟的法門，是因人而異，這二十五位大菩薩，有地藏菩薩、彌勒菩薩、觀世音菩薩、大勢至菩薩、文殊菩薩、普賢菩薩……，每一位菩薩都說出他們開悟的經驗。因此，《楞嚴經》

是談如何開悟的佛經，但並不是說讀了《楞嚴經》，就一定會開悟。

成佛的《法華》

至於為什麼說《法華經》是「成佛的法華」呢？因為佛陀說法說了四十九年，到最後快要涅槃時，先說《法華經》，再說《涅槃經》。

佛在說《法華經》時，為了使所有聽過佛法，修行佛法的人，不管學的是小乘或大乘，都能回歸於眞正的佛法，釋迦牟尼佛就說：「你們現在回來，都要成佛，過去你們有的學聲聞法，有的學緣覺法，有的學菩薩法，現在全部要回歸於唯一的佛乘，這是最高、最後、最究竟徹底的法門。」《法華經》告訴我們，人人都必須成佛，應該成佛，最後一定成佛，因此後來的佛教徒就說《法華經》是成佛的經典。

Question

44

佛陀爲什麼「無問自說」《阿彌陀經》？

《阿彌陀經》是佛陀在舍衛國祇樹給孤獨園，主動向智慧第一的弟子舍利弗宣說的法，這也是十分少見的。爲什麼佛陀要不請自說本經呢？這是出自釋尊的慈悲本懷，不忍衆生苦。釋尊不問自說地提出淨土法門，其價值在創造極樂世界。《阿彌陀經》講得很清楚，因爲阿彌陀佛過去的悲願，在他成佛之後，創造西方極樂世界，這是方便中的方便法門。

《阿彌陀經》救世最急

十分重視本經並著有《阿彌陀經疏鈔》的蓮池大師曾說，《阿彌陀經》救世最急，因爲末法時代的苦惱衆生根鈍障深，而其他法門又甚難成就。釋尊大悲本懷流露，特別開示此一出離生死的捷徑、方便法門，可以橫截生死，急救衆生，所以不

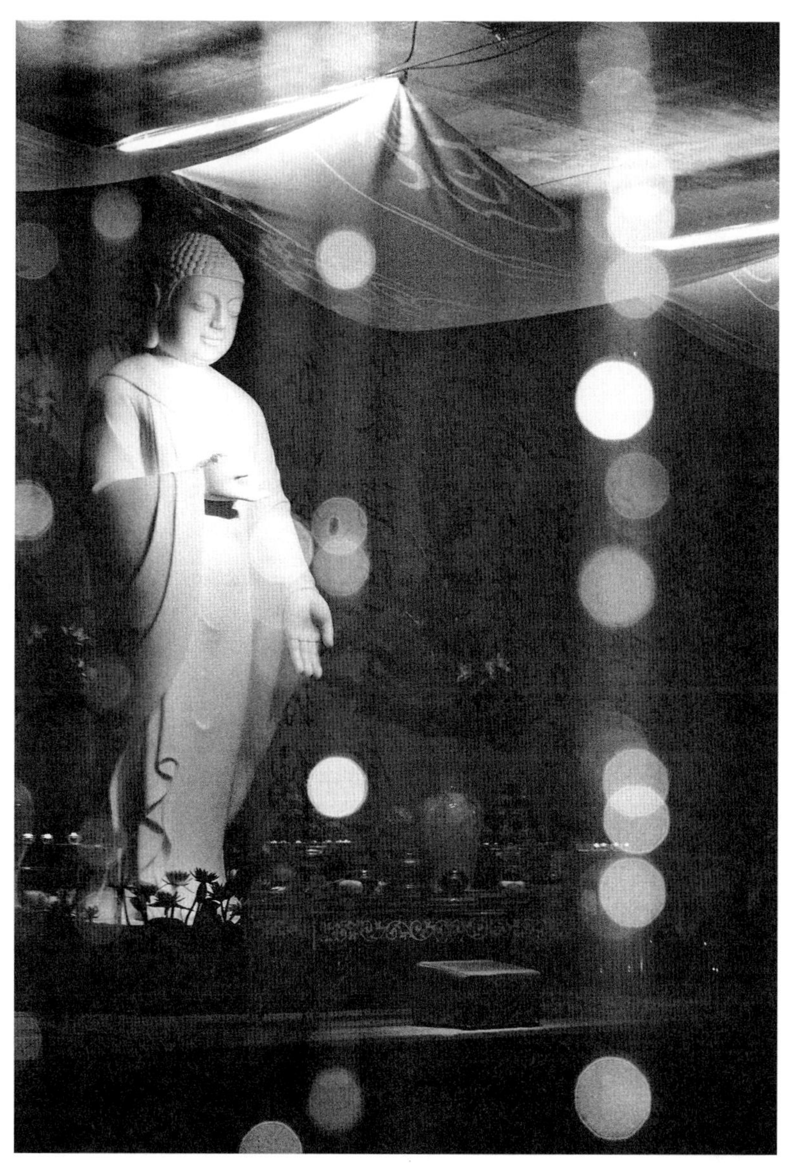

（江思賢　攝）

請而自說，顯示出佛陀慈悲濟世的迫切。

方便中的方便

蓮池大師歸納佛陀宣說此經的十大原因：一、出自佛的大慈悲心；二、殊勝的方便法門；三、能讓人生起欣喜厭苦的出離心；四、化導偏執二乘不修淨土；五、讓初發心的衆生親近佛；六、不論善根多少，皆可得度；七、護持修行多障礙的人，不生退心；八、由有相念佛進入無相念佛；九、從往生中悟得實際上無生死；十、念佛是方便中的方便。

另外，蕅益智旭大師在《阿彌陀經要解》中也提到，由於阿彌陀佛的本願超勝與果德莊嚴，不是一般人能相信、了解，所以只有像佛一樣的覺者才能究竟，因此淨土法門深妙無人能問，釋尊為了救度娑婆衆生，特別無問自說。

Question

45

《阿彌陀經》是一部爲亡者所誦的經典嗎？

由於經中提到若能深信發願，念阿彌陀佛名號，一心不亂，臨命終時，即得往生彼國；自古以來漢傳佛教徒以念「阿彌陀佛」佛號，以及誦《阿彌陀經》做爲死後求生於西方極樂淨土的法門。

人命在呼吸之間

但《阿彌陀經》的念佛法門，卻不是只在臨命終時才用，誠如古諺所說：「人生最不可思議的事情是什麼？每個人都會死，但是每個人都假裝成永遠不會死的樣子。」人命在呼吸之間，佛法所說的無常眞理，並不是臨命終時才是無常，而是在每天、每個剎那、呼吸之間都是無常。

思考如何面對死亡

因此，誦念《阿彌陀經》不是臨命終時才念，應該做爲平時修行的資糧，平時就要思考如何面對死亡，如此一來，面對臨命終時的四大分解，才不會完全沒有準備而驚恐不已。

事實上，《阿彌陀經》蘊含著「自性彌陀」、「唯心淨土」的深理，因此經典的持誦就該是平常的功課，透過自心清淨，自然能與佛國淨土更爲相應。

Question

46

爲什麼《阿彌陀經》所說是難信之法？

《阿彌陀經》容易懂又容易修，但對傲慢的眾生，尤其自認爲有修行的人，特別難以相信，認爲這是違背因果，自己沒有修行，怎能只仗佛的願力到西方極樂世界？

易行難信

不過，淨土法門是先解脫，然後再度眾生、受報，雖會受報，但受報時已經得解脫，不會感到痛苦。《阿彌陀經》告訴我們，這是信願行的積極力量，不是消極的、自私的，而是發起大悲願，將來成就以後，倒駕慈航回到娑婆，廣度眾生。如此信願具足，再加上多積福德，念佛一心不亂，就必然可以往生西方極樂世界。相對其他法門的「難行易信」，淨土法門的「易行」是這樣「難信」而不被接受，但佛陀還是在娑婆世界、五濁惡世不厭其煩宣說，這不僅在在凸顯佛陀的悲心，也是受到諸佛菩薩讚歎的原因。

相信自己是未來的佛

佛教修行的任何一種法門，都先要有「信心」。佛法所說的「信」，是要相信佛、法、僧三寶，而且還要相信自己，相信自己是未成的佛，淨土法門尤重「信」，要相信《阿彌陀經》所說的法是最好的，所用的方法是最好，相信經中所說的西方極樂世界，信阿彌陀佛的本誓願力，不要懷疑《阿彌陀經》是難信之法。

（法鼓文化資料照片）

Question

47 《金剛經》的「金剛」意思爲何？

《金剛經》全名爲《金剛般若波羅蜜經》。

般若智慧

佛法中「金剛」常被用來譬喻般若智慧，因爲金剛具有堅固、快利、明淨的特性——因爲堅固，所以不易被破壞；因爲快利，所以能破除一切煩惱障礙；因爲明淨，所以不受外境影響波動，這是具足般若智慧的修行者的心地風光。而本經所闡述的義理就像金剛一般，可以幫助我們破除種種貪、瞋、癡、慢、疑的妄想執著，從煩惱的此岸過渡到涅槃解脫的彼岸，因此稱爲《金剛般若波羅蜜經》。

金剛能斷

《金剛經》的梵文原名Vajracchedikā Prajñāpāramitā Sūtra，直譯爲「金剛能斷般若波羅蜜經」，一般認爲「金剛」即有「能斷」的意思，因此省略了「能斷」二字。「金剛能斷」有兩種解釋：其一是以金剛譬喻智慧，意謂「如金剛的般若能斷一切煩惱」，另一個則是將金剛比喻爲煩惱，表示「般若能斷如金剛般的煩惱」，無論哪一種說法，都直指「唯有般若能壞一切而不爲一切所壞」。

（李東陽　攝）

Question

48

《金剛經》如何教人見相離相？

《金剛經》的奧義是什麼呢？隋代智者大師曾以「若見諸相非相，即見如來」做爲《金剛經》宗旨，認爲《金剛經》開示無相離相法門，做爲菩薩道及佛道的準則，想要修行菩薩道而成就佛道，必須見諸相非相，能夠離相而不住於相。

無相離相法門

「無相」在《金剛經》裡是非常重要的概念；相是相貌、相狀，是某種東西的顯現，是依照視覺而存在。然而從佛法的觀點，相不只是用眼睛觀看，包含了一切用手觸摸、用耳聽聞的外在物理現象，同時也涵蓋了喜怒哀樂的心理現象，甚至佛陀所教授的一切法門也稱作相。

心不住於相

從《金剛經》的諸相，不難發現《金剛經》的名相之多，乍看之下還眞讓人眼花撩亂，不但如此，經文繁複列舉這些名相，卻又要把它「非」掉、「無」掉。透過一層層剝解，破除一般人所認爲的既定認知，就如同微塵這麼微小的單位，人可以一手掌握的單位，都是假名，不是實有，都還可以破除。

事實上不論客觀的外在現象，還是主觀的內在認知，都是隨著因緣流轉，本身就是充滿變動不定性。另一方面，也因爲一切相的產生，是存在衆生的心念中，人們的造相功能不僅有感覺器官的作用，還有知、情、意各種成分的參與，加上種種妄想的執著，使得所造之相，不僅可能偏離本來面目，還往往顚倒了事物的實情。

也因爲相如此虛幻不實，《金剛經》才說「凡所有相，皆是虛妄」，才要人們見相離相。離相並非離開相，更不是否定，而是心不住於相，於一切形相、現象及法相，應無所住。誠如聖嚴法師所說：「心有所住，即離無上菩提之心。」離相是一種超越，就連佛陀所傳授的法，都得超越，都必須放下而不執取，如此才能安住、降伏其心，成就無上菩提。

Question

49

《法華經》爲何是「諸經中王」？

佛在《法華經》中一再強調此經是「諸經中王」、「經中之王」，爲何此經擁有這麼高的地位？

開創漢傳佛教的特色

《法華經》對漢傳佛教來說，是一部非常重要的經典，中國因此有天台宗的創立，尤其智者法師對《法華經》獨特的見解與闡明，影響中國教義發展與修行信仰深遠，開創出屬於漢傳佛教的特色。

天台智者法師以「五時八教」，判攝《法華經》是五時中的最高層次——第五時。天台宗將釋迦牟尼佛說法四十九年分爲五個時段，華嚴、阿含、方等、般若、法華及涅槃，針對對象程度的深淺而分別說出不同的經典，有以人天善法爲基礎的佛法，有聲聞緣覺的二乘法，也有人聽的是三乘法；其中最初的三七日說《華嚴經》，以及最後的八年說《法華經》都很重要，末了一日一夜說《涅槃經》也爲法華第五時所收，名爲「唯一乘法」。

天台宗以日出時先照高山，比喻《華嚴經》是教化根器大的人；黃昏太陽將下山時，山谷漸趨黑暗，平地已看不到太陽，只有在高山還能見到日光，則是比喻以《法華經》、《涅槃經》收攝根器最深的人。

會三乘歸一乘

《法華經》包含了所有佛說的道理，攝受大、小根器的衆生都回歸大乘，回歸到最高法門，就像大海納百川一樣，開權教顯圓實，大開大合，這就是會三乘歸一乘的「會三歸一」。由於《法華經》闡揚一味一雨的最上佛法，故又稱爲經中之王。

《法華經》被稱爲「經中之王」的原因之一，是因它能接受並整合佛教所有的宗派。閱讀《法華經》時，可看到此經承繼之前大乘經典中的精華，例如從《般若經》承繼了「空性」的教義，從《華嚴經》承繼了「多重因果」的教義，從《維摩詰經》承繼了超越所有概念作用的解脫思想。更重要的是，以淺顯易懂且適用於所有社會階層的方式，簡單地呈現深奧的佛法，讓佛教向前邁進一大步。

Question

50

佛陀爲何要用法華七喻說故事？

只要翻開《法華經》就會發現，字裡行間都是一篇篇精彩的譬喻故事，相當平易近人。

相信人人皆能成佛

《法華經》的宗旨，是引導一切根機的眾生都進入唯一佛乘，相信人人皆能成佛；不過聽到佛陀這麼說時，許多阿羅漢弟子都不敢相信，甚至還有五千人離席，當時大眾以爲阿羅漢已經是解脫的最高境界，於是佛陀便善用譬喻，接引大眾堅定信心，迴小向大，其中最爲人所熟知的七個故事稱爲「法華七喻」。

讀經悟入佛道

法華七喻分別是：三車火宅喻、長者窮子喻、草木一雨喻、化城寶所喻、衣內明珠喻、髻中寶珠喻，以及良醫救子喻。其實《法華經》的譬喻故事不只如此，還有「大王膳喻」、「高原穿鑿喻」、「父少子老喻」等散見在各個經卷當中；如同本經一開始所說的，佛陀以一大事因緣出現於世，便是要引導衆生開、示、悟、入佛之知見，如今佛陀已說完最上妙法，如何悟入佛道？就等我們拿起經本自己去發現、去實踐。

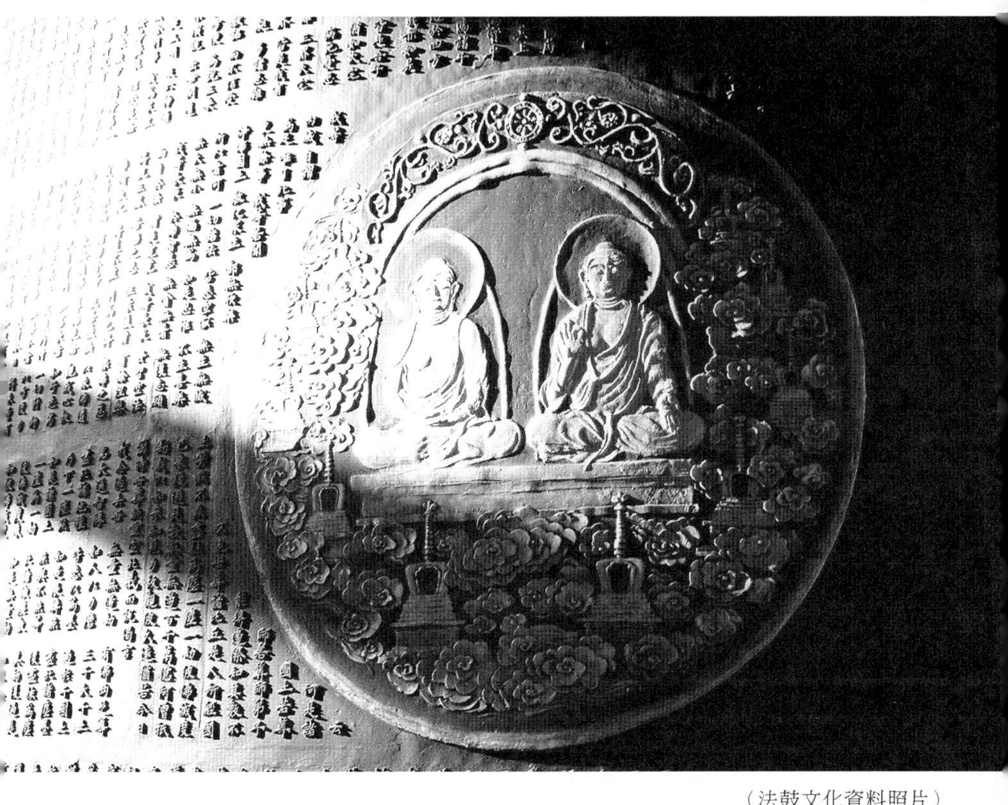

（法鼓文化資料照片）

學佛入門Q&A 1

讀經50問

50 Questions for Sutra Study

編著	法鼓文化編輯部
攝影	江思賢、李東陽、許朝益、鄧博仁
出版	法鼓文化
總監	釋果賢
總編輯	陳重光
編輯	張晴
美術設計	和悅創意設計有限公司
地址	臺北市北投區公館路186號5樓
電話	(02)2893-4646
傳真	(02)2896-0731
網址	http://www.ddc.com.tw
E-mail	market@ddc.com.tw
讀者服務專線	(02)2896-1600
初版一刷	2014年6月
初版六刷	2023年8月
建議售價	新臺幣180元
郵撥帳號	50013371
戶名	財團法人法鼓山文教基金會—法鼓文化
北美經銷處	紐約東初禪寺 Chan Meditation Center (New York, USA) Tel: (718)592-6593 E-mail: chancenter@gmail.com

法鼓文化

國家圖書館出版品預行編目資料

讀經50問 / 法鼓文化編輯部編著. -- 初版.
-- 臺北市 : 法鼓文化, 2014.06
面；　公分
ISBN 978-957-598-647-6(平裝)

1.佛經

221.07　　103008312